'공간'의 시각으로 본 '중국'과 글로벌 지역학

봉인영 외 지음
충북대학교 중국학연구소 편

신아사

발간사

4차 산업혁명 시대, 인간과 인공지능(Artificial Intelligence)의 관계는 단순한 경쟁의 수준을 넘어 머지않아 기계가 세상을 지배할 것 같은 공포감마저도 든다. 인간이 인공지능과 박투하는 이 시대에 인문학에서 필요한 작업은 핵심적인 사유의 근간을 재정립하는 것이라고 볼 수 있다. 인문학의 본질적 가치 탐구와 그것이 가진 고유의 항상성이 요긴한 시점이다. 왜냐하면 문사철(文史哲)이 내포하고 있는 인류 보편적 가치의 고수, 시대정신을 읽고 실천하려는 지향성은 인류를 지탱해 온 중요한 동력이기 때문이다.

본 편저는 지역학적 접근으로 중국을 새롭게 독해하여 인접 학문과의 대화를 시도함으로써, 중국학과 인문학의 연구 시각을 다각화하고 있다. 학문 분과로서의 지역학 탄생 배경과 역사를 고려하면, 그것이 가지고 있는 '서양'의 '동양'에 대한 타자화와 지배 논리를 부인하기 어렵다. 그러나 학문 영역의 확장이라는 시각에서 볼 때 보다 중요한 것은 지역학이 다학제적 학문이라는 점이다. 지역학은 문화권역 또는 지리적/국가 권역의 복잡한 사회 현상과 이슈를 정치학, 사회학, 역사학, 어문학, 문화 연구 등의 학제간 관점으로 성찰하려는 시도로, 인문학 학술 활동의 큰 축을 구성한다.

'중국'을 '공간'의 시각으로 접근한 이 편저는 중국학 연구에 대안적 시각을 제공하는 한 사례이다. 이 책의 각 챕터는 중국이라는 '물리적 공간'뿐만 아니라, 탈경계적, 정책적, 공시적, 통시적, 계층적 층위의 다양한 '공간'의 관점에서 '중국'과 중국 사회를 고찰하고 있다. 먼저 제1장 이평전의 글은 '중국(인)'의 의미가 디아스포라 공간으로 확장되는 면, 특히 인천 지역이 재현된 소설 서사에서 차이니스 디아스포라가 어떻게 형성되고 분화되며 문화정치학적 의미망을 구축하는지 분석하고 있다. 경제학의 관점에서, 제2장 이찬우의 글은 중국 전체 공간을 지역 단위(동부, 서부, 중부)로 구분하여 2000년대 이후 중국의 지역별 경제적 격차를 살펴봄으로써, 빈부 양극화의 전 지구적 난제에 대하여 통찰력을 제시하고 있다. 공간성이 사회역사적으로 구축되는 과정을 탐색한 시도로, 제3장 봉인영의 글은 중국 대륙의 중국문학·지역문화 시리즈에 나타난 문학사 다시 쓰기 작업과 지역성, 내셔널리티 구축의 상관관계를 규명하고 있다. 공간과 인간 사이의 경계(성)에 주목하여, 제4장 박현준의 글은 반환 20주년(2017년)을 맞은 홍콩의 언어정책 및 교육정책을 통해 홍콩인, 중국인, 세계인의 경계 사이에서 고민하는 홍콩사회의 특수한 경계성을 조명하고 있다. 제5장 이윤정의 글은 당대 중국사회에서 불거진 도농(都農) 공간의 편차와 사회적 부조리 및 '農民工' 담론의 흐름을 계보학적으로 살펴보고 있다. '공간'의 영역을 사회문화적으로 확장하고 지역학을 독해하는 소스 코드를 제시하기 위하여, 제6장 권혜진의 글과 제7장

이상오의 글은 20세기 중국 소설 서사의 姐妹愛 재현 양상과 새로운 음식문화 등장의 사회적 의의를 각각 재조명하고 있다. 이와 같이 다양한 주제를 다루는 각 챕터를 포괄하여, 본 편저는 전체적으로 중국을 이해하는 데 있어서 유의미한 방법론을 제공할 뿐만 아니라, 궁극적으로 연구 주제에 있어서 중국학의 외연을 확장할 것으로 기대된다.

이 책은 'CBNU CORE 총서' 시리즈 중의 하나로, 충북대학교 대학인문역량강화(CORE)사업단의 지원으로 출간된다. 본 편저는 인문학의 진흥과 가치 확산을 위해 교육부가 2016년부터 지원한 대학인문역량강화사업의 소중한 성과 중의 하나이다. 코어사업단의 지원에 감사드리며, 아울러 출간 일정에 맞추어 세세하게 편집해 주신 도서출판 신아사의 편집부에도 감사드린다. 마지막으로 다양한 주제로 중국에 대한 이해 지평을 넓혀준 매 집필진 선생님들께 고마운 마음을 전한다.

충북대학교 중국학연구소
소장 최병덕

목차

도시공간의 재배치, 배제의 문화정치학
– '인천'과 '차이니스 디아스포라'

이평전 (서원대학교 국어교육과 교수)

1. 차이나타운, 디아스포라적 정체성

'인천'은 서울과 가까이 위치하며 바다와 연해 있다는 지리적 조건 속에서 근대 개항 이후 서구의 문화가 가장 빨리 유입되었으며, 분단과 함께 이북의 피난민이 정착하면서 독특한 정체성을 지닌 도시로 변모해 왔다. 경제 개발 이후에는 공단과 수출의 전진 기지로서 오늘날까지 다양한 지역 출신들이 거주하고 있다. 이 가운데 차이나타운은 독특한 외국 문화가 유입되어 형성된 이주공동체로서 중요한 의미를 지닌다. 그 역사는 1882년 4월 청나라와의 치외법권 조약을 통해 인천으로 들어온 청국 상인들의 후손들이 인천항이 한눈에 내려다보이는 자유공원 인근, 중구 북성동 일대에 터를 잡으며 시작된다.[1] 지금도 인천 지역에 거주하는 이주자들의 대다수인 54.5%가 중국계라고 표현할 수 있을 정도로 중국인, 조선족, 대만인들이 많다. 이들 중 17.4%가 북성동 일대 차이나타운에 집중되어 있다.[2]

인천 차이나타운에 특히 주목하는 것은 이 특별한 도시 공간이 차이니스 디아스포라적 정체성을 형성하는 데 중요한 동인으로 작동하기 때문이다. 원래 '디아스포라 (diaspora)'[3]는 나라를 잃고 세계 각지를

---

1) 1882년 처음으로 40여 명의 군역 상인들이 이 땅에 정착한 이후 2년 후에는 청나라 조계지(집단 거주 지역)가 형성되었다. 이후 의화단 운동에 연루된 사람들이 피난처로 삼으로면서 그 인구가 급격히 증가한다.

2) 인천문화재단,『인천문화도시 기본계획』, 인천: 인천문화재단, 2010, p.65.

3) 디아스포라는 이주, 이산 등으로 번역된다. 본고에서 디아스포라를 언급할 때는 공간적 이동을 분석하는 것으로 '이주'로 해석해도 무리가 없지만, 정체성을 수식할 때('디아스포라 정체성')은 이주지에서의 다양한 문화적, 정치적 경험

떠도는 유대인들의 종교적 문화적 유대의식을 지칭했다.[4] 그런데 문화연구와 포스트 식민주의 비평가들이 소수인종이나 피식민지인의 이주와 그 문화를 연구하는 가운데 '자신들의 고유문화와 현재 살고 있는 새로운 문화가 뒤섞이며 만들어내는 역동적인 커뮤니케이션 네트워크를 의미'[5]하는 것으로 그 개념이 확장되면서부터 디아스포라는 보다 다양한 의미로 변주되고 있다. 특히 국가와 민족 간의 이동에 초점을 두고, 민족의 정체성과 문화적 혼종성 문제를 다룰 때 디아스포라 개념은 더욱 두드러진 특징을 보여준다.

이런 맥락에서 본고에서 사용하는 '차이니스 디아스포라 (Chinese diaspora)'의 개념은 일반적 개념인 '화교(華僑)'의 용법과 겹치면서 또한 분리된다. 흔히, 화교와 차이니스 디아스포라는 동일한 개념에 근거해 사용되고 있는데, 이는 재외 중국인의 비정주성과 임시 거처(居處)적인 성격을 말해준다. 그래서 '차이니스 디아스포라'는 넓은 의미에서 '화교'와 대응하는 개념처럼 보인다.[6] 그러나 한국의 경우, 차이니스 디아스포라고 할 때에는 그들이 직면한 정치, 역사적 조건의 특수한 타자화 방식에 주목할 필요가 있다.

을 효과적으로 의미하기 위하여 '디아스포라'라는 원어를 사용한다. 오윤호, 「중국인 거리에 나타난 이주의 상상력」, 『어문연구』 제35권 제4호, 한국어문교육연구학회, 2007, pp.269-273.

4) Bill Ashcroft, *Post-Colonial Studies: The Key Concepts*(New York: Routledge, 1998), pp.68-70.

5) 김성곤, 『사유의 열쇠』, 서울: 산처럼, 2006, p.148.

6) 이정남은 '유태인 네트워크에 버금갈 정도로 강력한 네트워크를 형성'하고 있는 이주 민족공동체를 "화교·화인"이라고 보았다. 하지만 다른 지역에 비해 "동북아지역 특히 한국과 일본에서의 화교·화인"의 정치, 경제적 지위는 매우 취약한 상황이다. 이정남, 「동북아의 차이니스 디아스포라와 국가정책: 한국과 일본의 사례를 중심으로」, 『국제지역연구』 12권 3호, 한구외대 국제지역연구센터, pp.247-274.

실제로 “한국으로 중국인들이 몰려들기 시작한 최고 전성기는 중국 내의 국공내전이 극에 달했던 1945-46년도 경”이었다. “그들은 대부분 국공내전 당시 공산당을 반대하면서 전란을 피해 고국 땅을 버리고 도망 온 피난민들이다.”[7] 재한 화교가 다소의 불평등한 삶을 감수하면서도 고향으로 돌아가지 못하고 한국에서 살아갈 수밖에 없었던 것은 이들의 이주가 당대적 정치, 역사적 조건에서 비롯된 어쩔 수 없는 선택이라는 점을 말해준다. 결국 인천 차이나타운에 살고 있는 중국인들의 디아스포라적 정체성은 문화정치적 상황에서 비롯된 것으로 볼 수 있다.

이들은 한국전쟁에서 상당한 경제적 손실을 겪지만 1970년대 10만 명에 이를 정도로 지속적으로 유입된다. 그러나 이들의 성장을 경제적 위협으로 간주했던 정부가 반화교 정책을 구체적으로 실행하면서 지속적인 내부로부터의 배제와 차별을 경험하게 된다. 화폐 개혁으로 장롱 속 돈을 모두 신고해야 했고, 외국인 부동산 소유제한으로 그들이 반세기 이상 가꾸어온 주안, 용현동, 부평 일대의 황금 농장을 헐값에 남의 손에 넘기면서, 거의 절반 이상의 화교들이 인천을 떠나게 된다. 뿐만 아니라 화교만이 경영하던 중국 음식업계에 한국인이 참여할 수 있는 길을 법적으로 열어주면서 이들의 생활은 더욱 어려워진다.[8]

이러한 1970년대 상황에 직면한 차이니스 디아스포라의 정체성을 살피는데 오정희의 「중국인 거리」[9]는 매우 의미 있는 단서를 제공한

---

7) 김태만, 『내안의 타자(他者), 부산 차이니스 디아스포라』, 부산: 부산발전연구원, 2009, p.12.

8) 박형기, 『중화경제의 리더들:팍스시니카와 화교네트워크』, 파주: 살림, 2007, p.95.

9) 오정희, 「중국인 거리」, 『유년의 뜰』, 서울: 문학과지성사, 2009.

다. 오정희는 이 작품에 대해 '내가 알지 못하는 세계에 대한 동경과 미지의 것들에 대한 그리움을 통해 나를 열어가는 일종의 '성장소설'로 표현한 바 있다. 이는 이 텍스트가 중국인과 정체성 그리고 그 주변을 둘러싼 타자 한국인과의 역학적 관계를 당대의 순수하면서도 객관적인 시선을 통해 복원하려 했음을 말해준다.[10] 그런 점에서 '내부자의 배제와 폭력으로 얼룩진 '중국인 거리'를 오히려 타자성을 넘어선 새로운 만남의 가능성'에 주목한 박형준의 선행 연구[11]는 매우 중요한 의미를 갖는다. 이 글에서는 앞선 의미 있는 성과에 기대면서 동시에 소설에 재현된 산업화시기 도시공간의 재배치와 배제과정, 그로인한 디아스포라의 이중적 정체성의 발현에 초점을 맞추어 논의를 진행하였다.

이 소설은 유년의 '나'가 아홉 살 되던 2학년 봄에 피난지에서 인천으로 이사와 6학년 봄까지 중국인 거리를 중심으로 해서 겪게 되는 사건을 다루고 있다. 주목할 것은 항구도시 인천이 미군으로 표상되는 폭력적인 군사문화, 타락하고 왜곡된 자본주의 경제, 반공이데올로기 등과 같은 담론이 지배하는 공간으로 설정되어 있는 반면, '중국인 거리'는 외로운 '섬'과 같이 '시가지'의 지배담론과 일정한 차별성을 갖는 독특한 '차이니스 디아스포라'적 정체성을 확인할 수 공간으로 묘사되고 있다는 사실이다. "디아스포라 정체성이란 전환과 차이를 통해 부단히 스스로를 생산 및 재생산해 나가는 것"[12]이라는 관

10) 오정희, 이현식, 「작가 오정희가 말하는 내 마음 속 '인천', 『플랫폼』 통권18호, 인천문화재단, 2009.

11) 박형준, 「한국문학의 차이니스 디아스포라-오정희의 「중국인 거리」를 중심으로」, 『한중인문학연구』 48집, 2015, pp.153-172.

12) 김성곤, 앞의 책, p.148.

점에 비춰볼 때, 이 소설을 읽는 것은 차이니스 디아스포라의 정체성의 현재적 의미를 살피는 일이라고 할 수 있다. 이 시기 이주민(화교)은 끊임없이 원주민 혹은 이주지의 문화를 수용하거나 거부하면서 '새로운 환경'에 자신을 적응하거나 소외시키는 과정에서 자신의 정체성을 확립해가고 있었던 것이다.

2. '인천'의 장소성, '공간'의 정체성

> 기억이 선명하진 않지만 인천은 뭔가 다른 공간이었어요. 전후의 폐허 위에 언제나 무언가를 짓고 있었지요. 늘 뭔가 끓이고 섞어서 벽체 칠하고 있는 중이었고 미국인이나 중국인이니 외국인들이 어울려 있어서 지금 생각하면 '국제도시'였던 거에요.[13]

미국인들과 중국인들이 함께 섞여 살고 있는 정체성이 모호한 도시, 바다와 육지의 경계가 애매한 공간인 인천의 정체성은 당대 주체에겐 모호하고 혼란스러운 공간이었음에 틀림 없다. 이 푸 투안(Yi-Fu Tuan)은 이러한 추상적이고 애매한 '공간'이 명확한 뜻과 의미를 획득함에 따라 장소로 전환될 수 있다고 주장한다.[14] 다시 말해 공간에는 장소감이나 장소개념이 항상 관련되어 있어서 특정한 장소들로부터 공간이 그 의미를 얻는다는 것이다.[15] 하이데거 또한 이러한 '장소'가 인간 실존의 외부와 맺는 유대를 드러내는 동시에 인간의 자유와 실재성의 깊이를 확인하는 방식으로 인간을 위치시킨다고 말한 바 있다.

이러한 맥락에서 보면 「중국인 거리」에는 이른바 차이나타운에 살았던 중국인의 삶이 얽힌 인문사회적 '장소감'이 잘 드러난다고 할 수 있다. 문학지리학적 관점에서 장소감(sense of place)이란 미지의 어

13) 오정희·이현식, 앞의 책, p.95.

14) 이-푸 투안,『공간과 장소』, 서울: 대윤, 1995.

15) 에드워드 렐프, 김덕현 외 역,『장소와 장소 상실』, 서울: 논형, 2008, p.39.

떤 곳이 친밀한 장소로 다가올 때 그 지역에 대한 느낌, 또는 느끼는 의식을 말한다. 문학 작품은 특정 장소나 지역에 대한 경험이나 체험, 이미지, 장소감 또는 그것에 대한 통시적, 공시적 정감을 담아내고 새로운 의미를 보여준다. 실제로 작품 속에 등장하는 장소의 상징성, 심리적 해석, 주제의 현실성 등은 등장인물이 활동하고 인식하는 경관과 깊게 관련되어 있다. 사회적 통제와 사회적 변화, 의미 있는 사건들과 경험들은 깊은 연관과 함께 빼 놓을 수 없는 요소이다. 이 점에서 「중국인 거리」의 도입부는 당대 공간에 대한 주체의 인식을 이해하는데 중요한 단서를 제공한다.

> 길을 사이에 두고 각각 여남은 채씩 늘어선 같은 모양의 목조 이층집들은 우리 집을 마지막으로 갑자기 끝났다. 그리고 우리 집에서부터 완만한 경사로 이루어진 언덕이 시작되었는데, 그 언덕에는 바랜 잉크 빛깔이나 흰색 페인트로 벽을 칠한 커다란 이층집들이 길을 사이에 두고 나란히 마주보고 서 있었다.[16]

이 작품의 공간 설정을 보면, '중국인 거리'가 두 층위의 공간으로 구획되어 있음을 확인할 수 있다. 주인공 '나'가 마주한 "중국인들의 집"은 한국인의 거처와 구분되는 불균형한 양식("이상하게 눈에 설고 불균형해 뵈는 양식의 집들")로 묘사되어 있다. "행정구역이 바뀌거나 길이 굽이도는 곳에는 반드시 초소가 있어 한 차례씩 검문을 받으며 도시로 진입해 들어"왔다는 표현에서 알 수 있듯, '중국인 거리'로의 이주는 '나'의 물리적·심리적 경계를 새롭게 구성/인지하는 계기가 된다.

이때 주목해야 할 것은 이런 공간 경계에 대한 인식이 차이니스 디

16) 오정희, 앞의 책, p.76.

아스포라의 정체성을 형성하는데 주요 요인으로 작용한다는 점이다. 실제로 '피난지 마을'과 '중국인 거리' 사이에서 주인공은 지배담론에 희생되는 여성의 삶을 거부하고 중국인 거리로 표상되는 세계를 지향하면서 여성의 진정한 정체성 찾기로 이어진다. 집에서 어머니의 여덟 번째 임신, 매기언니의 죽음, 할머니의 죽음을 경험하는 일, 6학년 봄에 어머니의 여덟 번째 출산과 '나의 초조를 경험하는 일 모두는 이러한 공간의 경계 지점에 위치한 자신을 발견해 가는 과정이라고 할 수 있다. 문제는 경계를 통한 정체성 찾기가 단순히 개인적 의식 차원에서 이루어지는 것이 아니라, 실제 역사 공간에 대한 인식을 통해 구체화된다는 점이다.

> 통틀어 중국인 거리라고 불리우는 동네에, 바로 그들과 인접해 살고 있으면서도 그들 중국인에게 관심을 갖는 것은 아이들뿐이었다. 어른들은 무관심하게 그러나 경멸하는 어조로 <떼놈들>이라고 말했다. (중략) 시의 동쪽 공설 운동장에서 때이른 횃불이 피어 올랐다. 잔양(殘陽) 속에서 그것은 단지 하나의 흔들림, 너울대는 바람의 자락이었다. 그리고 사람들은 와아와아 함성을 질렀다. 체코, 폴랜드, 물러가라, 꼭두각시, 괴뢰 집단 물러가라, 와아와아.[17]

인용문에서 확인할 수 있는 "괴뢰 집단 물러가라"는 구호, 다시 말해 공설 운동장에서 "한 집에서 한 명씩 뽑혀 나간 사람들"의 함성은 '중국인 거리'의 거주민들을 통제하고 압박하는 '반공 이데올로기'의 발현이다. 이 장면을 통해 차이니스 디아스포라에 대한 차별과 폭력(언어 폭력과 배타적 시선)이 단순히 개인과 개인의 문제가 아니라, 한반

17) 오정희, 앞의 책, p.78.

도 분단과 동아시아 냉전 체제의 산물이라는 사실을 이해할 수 있다. 역설적인 것은, 공산주의를 피해 한국으로 이주해온 차이니스 디아스포라가 오히려 한국에서 반공 이데올로기의 억압적 대상이 되었다는 점이다.[18] 이는 이 시기 중국인의 정체성이 갖는 디아스포라적 성격의 중층적 국면을 그대로 보여준다.

이러한 가운데 타자로서의 '나'의 시선 또한 주체로서의 장소성을 갖지 못한다. '나'는 시골과 별반 다를 것 없는 도회지의 풍경을 조망하고 그 실체를 파악하기 위해, 시에서 가장 높은 맥아더 장군상에 올라 앉아 인천을 한 눈에 내려다본다. 흥미로운 것은 '나'의 시선에 들어오는 지형지물이 한국 현대의 '경제·문화사'를 고스란히 반영하고 있다는 점이다. '적산 가옥(敵産家屋)'은 일본 제국주의 식민지 경영을 상징적으로 보여주고, '중국인 거리'는 항구로서의 이국문화를 가지고 있으며, 얼룩덜룩한 담요와 레이스의 속옷들은 미군을 상대로 한 매춘 산업을 재현한다. 이들은 모두 제국의 경제 논리가 식민지에 내면화되어 존재하는 형상들이다. '나'가 목격한 것은 중국인의 폭죽놀이와 중국식 음식, 미국의 매춘과 미제 상품들, 맥아더 장군상, 사람들의 이데올로기 시위 등 다양한 문화와 정치적 현실이 혼재한 역사적 공간인 것이다.[19]

> 시의 동쪽 공설운동장에서 때 이른 횃불이 피어올랐다. 잔양 속에서 그것은 단지 하나의 흔들림, 너울대는 바람의 자락이었다. 사람들은 와아 와아 함성을 질렀다. 체코, 폴란드, 물러가라. 꼭두각시 괴뢰 집단 물러

---

18) 박형준, 앞의 책, p.169.

19) 오양호, 「인천학(仁川學2)의 문학지리학적 접근」, 『인천학연구』 17, 2012, p.275.

가라, 와아와아. 여름 내내 햇빛이 겉히면 한 집에서 한 명씩 뽑혀나간 사람들은 공설운동장에 모여 발을 구르며 외쳤다. 할머니는 밤새 끙끙 허리를 앓았다.
중립국 감시 위원단 중 공산측이 체코와 폴란드가(그들은 소련의 위성 국가입니다.) 그들의 임무를 저버리고 유엔군 측의 군사기밀을 캐내어 공산 측에 보고하는 스파이가 되었기 때문입니다. 전체 교장선생님은 말했다.[20]

동시에 이처럼 공원과 공설운동장으로 상징되는 '인천'은 당대 주체들을 규율하는 반공이데올로기가 지배하는 공간으로 그려진다. 그것은 순수하고 어린 '나'의 인식을 통해 당시 항구도시 인천이 미국으로 표상되는 폭력적인 군사문화, 타락하고 왜곡된 자본주의 경제, 반공이데올로기의 담론이 지배하는 공간[21]으로 내국인뿐만 중국인들에게도 재배치되고 배제되는 공간이었음을 말해준다. 이는 각 주체에게 하나의 장소성을 획득해가는 과정이 대단히 복잡했음을 의미한다. 당대의 이데올로기는 개별 주체들에게 끊임없이 선험적 구성틀에 대한 물음을 제기했던 것이다.

인간이 공간적인 존재인 이상, 다시 말해 인간이 공간을 구성하고 자기 주변에 공간을 펼치는 존재인 한에서만 공간은 존재한다. 공간을 만들고 공간을 펼치는 존재로서의 인간은 필연적으로 공간의 근원일 뿐 아니라 공간의 영원한 중심이라고 할 수 있다.[22] 실제 이 소설에 나타난 것처럼 이국적 환경과 타자들과의 소통(불가능)적 관계

20) 오정희, 앞의 책, pp.90-91.

21) 주지영, 「'중국인 거리'로 표상되는 세계, 그리고 여성의 정체성-오정희의 「중국인 거리」」, 『한국문예창작』 제15권, 2016, p.86.

22) 오토 프리드리히 볼노, 『인간과 공간』, 서울: 에코리브르, 2011, pp.23-24.

를 통해 구체화되는 '디아스포라 정체성'은 분명 서구의 근대적 성장과는 다른 존재론적 의미를 지닌다. '어떻게 적응할 것인가?' 새롭게 접하는 타자들과의 차이는 어떻게 해명할 것인가? 등과 같은 무수한 질문들은 단순히 주체의 지위를 획득하는 '성장'을 위한 질문이 아니라, 타자화된 존재로서 이주지 환경에 적응하기 위한 디아스포라 정체성을 구현하기 위한 존재론적 질문이라고 할 수 있다.

3. 인천, 이주와 혼종의 공간

「중국인 거리」에 나타난 인천은 '나'에게 피난 생활의 고통을 이겨낼 수 있는 '낭만적 공간'으로 묘사된다. '피난지인 시골'과의 대비 속에서 도시 인천은 가난을 극복할 수 있는 곳이며, 전쟁으로 인해 피난을 떠나야 했던 그래서 반드시 정착해야만 하는 적응의 공간이다. 이것은 내부의 디아스포라적 현상의 또 다른 측면이다. 현대적 의미의 디아스포라는 기존의 집단적 상흔과 모국 갈망 등의 민족분산이나 민족이산보다는 분산의 과정이나 분산되어 거주하는 장소와 공동체를 뜻하기도 한다. 웰벡은 디아스포라를 정체성의 탈영토화, 이주자 집단과 모국, 거주국 간의 복잡한 정치적 관계, 초국가 공동체를 의미한다고 보았다.[23] 소설에서 처음 인천으로 이사 간다고 했을 때 '나'는 '먼 나라의 크리스마스트리' 같은 도회지, 낯선 이국적 정취를 가진 이상향을 꿈꾼다. 기실 이런 상상은 한국전쟁 후 벌어진 국제구호 문화와 기독교 문화에서 영향 받은 서구문화의 이미지가 덧 씌어진 결과이다. '나'에게 인천은 가난한 피난지의 삶이 만들어내는 공포에서 벗어나게 해주는 '이국의 문화'이며 '풍요로운 사회'로 상상된다.

> 지난밤 떠나온 시골과는 모든 것이 달랐음에도 불구하고 나는 잠시, 우리가 정말 이사를 온 것일까, 낯선 곳에 온 것일까, 이상한 혼란에 빠졌다. 그것은 공기 중에 이내처럼 짙게 서려 있는, 무척 친숙하고, 내용은

23) Östen Wahlbeck, "The Concept of Diaspora as an Analytical Tool in the Study of Refugee Communities." *Journal of Ethinic and Migration Studies*, Vol.28, issue 2, 2010, p.9.

잊혀진 채 분위기만 남아 있는 꿈과도 같은 냄새 때문이었다. 무슨 냄새였던가.[24]

한 가지 흥미로운 것은 소설의 배경이 되는 '해안촌'이라 불리는 마을에 처음 도착했을 때, '나(내)'가 분명 처음 와 본 곳임에도 불구하고 기묘한 익숙함을 느낀다는 점이다. 주인공은 '피난지인 시골'과 달라지긴 했지만 인천이 피난지와 동일한 속성을 갖고 있는 공간이라는 점을 인식한다. 이런 공간에 대한 인식은 주인공의 이주(移住) 경험에 따른 것이다. 디아스포라를 규정하는 특징은 이주를 떠났던 장소로 돌아가는 것이 완전히 차단되어 있거나, 돌아가기 어려운 '귀환'의 봉쇄이다. 이때 강제 추방은 고향을 그리워하는 고양된 감정에 있어 필수적이며, 디아스포라를 이해하는 핵심이라고 할 수 있다. 이는 탈주의 불가능성이라는 디아스포라의 역설적 표현으로, 다시 말해 더 이상의 이주가 불가능한 현실, 인천 그 땅 끝의 경계에 자신이 와 있음을 자각하는 것이다.

이것은 당대 중국인의 디아스포라적 정체성을 해명하는데 중요한 단서를 제공한다. 이때 한국전쟁은 매우 중요한 사건이라고 할 수 있다. 인천상륙작전으로 인천 선린동 일대 화교 무역상을 비롯한 차이나타운은 심각한 타격을 받는다. 여기에 더해 한국 정부의 화교에 대한 비동화정책은 화교들이 법적으로 외국인 신분을 벗어나기 어렵게 만들었다. 이 시기 교육에 대한 자유방임적 정책은 화교 학교를 교육기관에서 제외, 임의 단체로 남게되는 원인이 된다.[25] 「중국인 거리」에

24) 오정희, 앞의 책, p.74.

25) Zhang Wenchang, 「인천 차이나타운 공간 특성 변화 연구」, 충북대 석사논문, 2013, p.74.

재현된 '인천'에 대한 주인공의 지각은 바로 역사적 시간과 공간이 중첩되는 지점이 무엇인가를 잘 보여준다. 물론 그 중심에는 '한국전쟁'이라는 사건이 놓여 있다.

"철로 너머 제분공장의 굴뚝에서 울컥울컥 토해 내는 검은 연기는 전쟁으로 부서진 도시의 하늘에 전진(戰塵)처럼 밀려들고 있었다."라는 표현에서 알 수 있듯, '나'가 살고 있는 도시는 여전히 전쟁의 참상을 지우지 못하고 있다. '나'가 속한 세계('중국인 거리')는 "연기가 서리듯 누누한 어둠"에 잠겨들고 "기우뚱 침몰하기 시작한 배"와 같이 위험스럽고 공포스러운 상황에 놓여 있는 것이다. 이처럼 한국전쟁은 "'이미지'로 재현되거나, 잊혀지지 않고 기억도 되지 않는 '외상'으로 존재할 뿐"[26]만 아니라, 일상 속에 내면화된 끝나지 않은 공포로 존재하면서 인천을 '역사적 중층성과 문화적 복합성을 가진 세계'를 만들어 낸다.[27]

그 와중에 '나'는 이른바 역사의 또 다른 중층성을 지닌 혼종의 공간 '중국인 거리'를 목격하게 된 것이다. 중국인 거리는 텍사스촌과 뒤엉켜 있기 때문에 사실 단일한 정체성을 지닌 공간이라고 할 수 없다. 그것은 오히려 귀향하지 못한 이들이 임시 거주하고 있는 '디아스포라적 공간' 이다. '중국인 거리'에는 중국인, 미국인, 그리고 한국인이 뒤섞여 여전히 타국/타지를 떠돌며 살아갈 수밖에 없는 '타자들', 즉 분단 한국의 잉여적 존재들이 머물고 있다. 물론, 그중에서도 특히(미국 군인과 달리) 재한 중국인들은 자발적으로 고향으로 되돌아갈 수 없는 처지에 놓여 있는 디아스포라적 주체이다. 이때 미군 병사가

26) 정재림, 「오정희 소설의 이미지 기억 연구」, 『비교한국학』 제14권, 국제비교한국학회, 1999, p.222.

27) 오양호, 앞의 책, p.272.

귀환이 가능한 자라고 한다면 중국인은 이데올로기 때문에 귀환이 불가능한 자로 대별된다. 양자 모두 디아스포라 공간에 놓여 있지만, 미군 병사가 디아스포라적 주체가 될 수 없는 것은 그가 귀환이 가능하다는 사실 때문이다. 비록 범죄(매기언니의 살인)에 따른 본국 소환이라고 할지라도, 사람(매기 언니)를 죽이고도 "낄낄"거리며 고국으로 돌아갈 수 있는 미군 병사와 중국으로 귀환할 수 없는 차이니스 디아스포라의 처지는 전혀 다르다.[28]

그것은 "중국으로 상징되는 낡은 것과 미군 지아이 문화로 상징되는 새로운 것이 혼재하면서 부딪히는 공간"으로 대비된다. 전쟁으로 인해 정상적이지 않은 세계가 정상적인 세계로 대체되고, 이국적이고 감각적인 현상이 이성적이고 정상적인 이해로 대체된다. 이 공간은 미군을 상대로 한 창녀촌과 중국인 상가, 산업화 양상 등 이질적 문화들이 공존하면서 음험한 인종적 역사적 갈등을 은폐한다. 그곳에서 아이들은 도둑질로 연명하고, 여자들은 몸을 팔며 새로운 세계('미국')을 꿈꾸고, 가난한 존재의 불안감과 공포를 경험한다.[29]

이 혼종의 공간에 주목하는 것은 차이니스 디아스포라의 정체성이 바로 이곳에서 형성되기 때문이다. 이 혼종성은 '한 사람들이 이주현장에서 호스트와 만나는 곳인 문화적 혼합을 설명하는, 디아스포라의 '가장자리' 혹은 접점의 문화정치학적 공간의 특질이라고 할 수 있다. 그러므로 차이나타운은 중국인을 비롯한 여러 민족/인종이 임시 정주하고 있는, 그 자체로 '디아스포라적 공간'인 것이다.[30]

---

28) 박형준, 앞의 책, p.164.

29) 심진경,「여성의 성장과 근대성의 상징적 형식」,『여성문학연구』, 파주: 태학사, 1999, pp.185-205.

30) 비린더 칼라·라민더 카우르·존 허트닉, 정영주 옮김,『디아스포라와 혼종성』,

4. 소결 : 배제를 넘어 주체로의 전환

「중국인의 거리」에서 작가 오정희가 '차이니스 디아스포라'를 의식하고 창작했느냐, 그렇지 않았느냐 하는 것은 이 글의 주요한 논점이 아니다. 문제는 이 작품의 인천이라는 공간 속에 재현된 중국, 중국인이 한국 현대사에서 어떻게 재배치되고 동시에 배제되어 왔는가를 살피고 그 과정에서 디아스포라적 정체성을 획득했는가를 살피는 일이다. 그런 점에서 오정희의 「중국인 거리」가 동시대에도 여전한 의미를 갖는 것은 단순히 당대 중국인의 삶을 엿보는 것에 그치지 않고, 우리 사회가 어떻게 타자를 받아들이고 수용해 왔는가를 보여주고 또한 그들과 함께 살아갈 것인가 하는 질문에 응답하기 때문이다. 「중국인 거리」는 자본과 이념, 적대와 갈등으로 얼룩진 동아시아의 복잡한 정치 지형을 넘어설 수 있는 서사적 상상력을 우리에게 제공해 줄 뿐만 아니라, 이른바 '차이니스 디아스포라'의 정체성을 지닌 타자들을 이해할 수 있는 경로를 제공한다.[31]

> 중국에 대한 형상에서 특징적으로 살펴볼 수 있는 것은 식인문화와 관련한 진술이다. 원수의 생간(肝)을 내어 형님도 한 점, 아우도 한 점 씹어먹는 오랑캐, 사람 고기로 만두를 빚는 백정, 뒤를 보면 바지도 올리기 전 꼿꼿이 언채 서 있다는 북만주 벌판의 똥 떵어리였다.[32]

서울: 에코리브리, 2014, p.23.

31) 박형준, 앞의 책, p.165.

32) 오정희, 「중국인 거리」, 『유년의 뜰』, 서울: 문학과 지성사, 2009, p.79.

이것은 오랜 역사적 연원을 갖고 있는 중국인에 대한 편견[33]을 넘어 같은 공간에 존재하지만 흡사 성당 속에 갇혀 지내는 수녀와 같이 그들을 주변화하고 타자화 하던 시선에서 벗어나 자신이 살고 있는 지역을 '중국인 거리'로 불리게 할 만큼 오랫동안 그 지역을 점유하고 있었으면서도, 어른들에게는 물론 아이들에게조차 사람 취급을 받지 못하고 단지 '상상과 호기심의 대상'으로 전락했던 이들에 대한 배타적인 시선이 작동하는 방식에 대한 비판적 성찰의 가능성을 탐문하는 과정이다.[34]

「중국인 거리」를 통해 '차이니스 디아스포라'를 강제하는 폐쇄적 커뮤니티가 내재하고 있는 불평등한 양상과 내부자의 폭력적·위계적 시선의 경로를 확인할 수 있다. 어른의 시각에 비친 중국인의 형상, 특히 '땐놈'이라는 발화방식을 통해 차이니스 디아스포라를 희화화하고 비인격화된 존재로 호명하는 장면은 이를 상징적으로 보여준다. 이른바 "뙈놈"이라는 호명 방식을 통해 희화화되거나 비인격화된 중국인에는 분명 내부자(한국인)의 "경멸적 어조"와 시선이 담겨 있는 것이다. 여기서 더욱 중요한 것은 어린 화자인 '나(내)'가 이러한 배제를 일상의 풍경을 스케치하듯 담담하게 그려 내고 있다는 점이다.[35]

> 우리는 그들과 전혀 접촉이 없었음에도, 언덕 위의 이층집, 그 속에 사는 사람들은 한 없이 상상과 호기심의 효모(酵母)였다.(중략) "남자들

---

33) 중국에서의 식인문화의 자취는 『수호지』와 나관중의 『삼국지』, 사마천의 『사기』 이후, 마르코 폴로의 『동방견문록』, 도정의의 『철경록(輟耕錄)』의 저서에서 그 흔적을 찾을 수 있다. 흥미로운 것은 중국의 개방정책 이후에도 이러한 인식은 크게 바뀌지 않았다.

34) 오양호, 앞의 책, p.279.

35) 박형준, 앞의 책, p.167.

> 은 가게 앞에 내놓은 의자에 앉아 말없이 오랫동안 대통 담배를 피우다가 올 때처럼 사라졌다. 그들은 대개 늙은이들이었다./ 우리는 찻길과 인도를 가름 짓는 낮고 좁은 턱에 엉덩이를 붙이고 나란히 앉아 발장단을 치며 그들을 손가락질했다./ 파연을 피우고 있는 거야, 더러운 아편장이들./ 정말 긴 대통을 통해 나오는 연기는 심상치 않은 노오란 빛으로 흐트러지고 있었다.[36]

> 늙은 중국인들은 이러한 우리들에게 가끔 미소를 지었다. 통틀어 중국인 거리라고 불리우는 동네에, 바로 그들과 인접해 살고 있으면서도 그들 중국인에게 관심을 갖는 것은 아이들 뿐이었다. 어른들은 무관심하게 그러나 경멸하는 어조로 '떼놈들'이라고 말했다.[37]

어둡고 침침하게 느껴지는 중국인의 상점과, 저녁이면 모여드는 중국인들, 고국 중국을 떠나 한국으로 흘러 들어온 중국인들은 저녁이면 차이나타운에 모여 그 시름을 달랜다. 그러나 소설 속 '나'에게 그들은 호기심의 대상이며 동시에 '더러운 아편장이'로 경멸의 대상일 뿐이다. 중국인에 대해 갖는 동경과 경멸–중국인은 대국사람이며 동시에 되놈이다–은 여자아이로 하여금 말없이 그녀를 지켜보는 중국인 청년을 금지된 사람으로 간주하게 만든다. 그렇기에 그는 더 외롭게 보이며 그에 대한 동경은 두려움과 슬픔으로 확산된다. '나'에게 화교들–늙은이들과 청년–은 외로운 이방인의 모습으로 비춰진다.[38] 그럼에도 여기서 주목할 것은 아직 어린 소녀로서 '나'가 느끼는 중국인들이 동시대 같은 공간에 살아가는 사람이라는 인식이다. 이

36) 오정희, 앞의 책, pp.250-251

37) 오정희, 앞의책, 1996. 65.

38) 유인순, 「현대 한국소설에 투영된 중국·중국인」, 『한중인문학연구』 12, 2004, p.39.

러한 타자에 대한 열린 시선은 고향과 전통에 애착을 보이는 할머니와 대조된다. 말없이 자신을 바라보기만 하는 창백한 중국인 청년의 시선 앞에서 부끄러움과 슬픔을 느끼는 장면을 통해 차이니스 디아스포라의 정체성을 인식할 수 있는 새로운 가능성을 발견하게 되는 것이다.

「중국인 거리」에 나타난 타자에 대한 '배타적 시선'은 차이니스 디아스포라의 정체성을 형성하는 데 주요한 기제로 작용한다. 물론 이 같은 배타적 감정과 시선이 다양한 어휘와 역사적 맥락 속에서 이루어지며 때론 인종차별적 평가를 받기도 한다. 그러나 본질적으로 '중국인 거리'는 애초부터 한국인이 섞여 있는 혼종의 공간으로서 서로가 서로를 끊임없이 타자화할 수밖에 없는 한계를 지닌 공간이라는 점에서 이해될 필요가 있다. 이런 맥락에서 볼 때, 소설 속 '나'의 호기심이 공존을 위한 이해라는 긍정적 평가는 다소 과장된 느낌이 없지 않다.[39] 그럼에도 인종적·문화적 갈등이 타자화를 바탕으로 한다는 점에서 「중국인 거리」에 나타난 차이니스 디아스포라의 정체성은 분명 주체의 배제와 재배치 과정에서의 주체와 타자와의 거리를 상징적으로 보여준다고 할 수 있다.

39) 오윤호, 「중국인 거리에 나타난 이주의 상상력」, 『어문연구』 제35권 제4호, 한국어문교육연구회, 2007, pp.269-273.

참고문헌

김성곤, 『사유의 열쇠』, 서울: 산처럼, 2006.

비린더 칼라·라민더 카우르·존 허트닉, 정영주 옮김, 『디아스포라와 혼종성』, 서울: 에코리브리, 2014.

심진경, 「여성의 성장과 근대성의 상징적 형식」, 『여성문학연구』, 파주: 태학사, 1999.

오정희, 이현식, 「작가 오정희가 말하는 내 마음 속 '인천', 『플랫폼』 통권18호, 인천문화재단, 2009.

이-푸 투안, 『공간과 장소』, 서울: 대윤, 1995.

정재림, 「오정희 소설의 이미지 기억 연구」, 『비교한국학』 제14권, 국제비교한국학회, 1999.

Zhang Wenchang, 「인천 차이나타운 공간 특성 변화 연구」, 충북대 석사논문, 2013.

김태만, 『내안의 타자(他者), 부산 차이니스 디아스포라』, 부산: 부산발전연구원, 2009.

박형기, 『중화경제의 리더들:팍스시니카와 화교네트워크』, 서울: 살림, 2007.

박형준, 「한국문학의 차이니스 디아스포라–오정희의 「중국인 거리」를 중심으로」, 『한중인문학연구』 48집, 2015.

에드워드 렐프, 김덕현 외 역, 『장소와 장소 상실』, 서울: 논형, 2008.

오양호, 「인천학(仁川學2)의 문학지리학적 접근」, 『인천학연구』 17, 2012.

오윤호, 「중국인 거리에 나타난 이주의 상상력」, 『어문연구』 제35권 제4호, 한국어문교육연구학회, 2007.

오정희, 「중국인 거리」, 『유년의 뜰』, 서울: 문학과지성사, 2009.

오토 프리드리히 볼노, 『인간과 공간』, 서울: 에코리브리, 2011.

유인순, 「현대 한국소설에 투영된 중국·중국인」, 『한중인문학연구』 12, 2004.

이정남, 「동북아의 차이니스 디아스포라와 국가정책: 한국과 일본의 사례를 중심으로」, 『국제지역연구』 12권 3호, 한구외대 국제지역연구센터. 인천문화재단, 『인천문화도시 기본계획』, 인천: 인천문화재단, 2010.

Ashcroft, Bill. *Post-Colonial Studies: The Key Concepts*. New York: Routledge, 1998.

Wahlbeck, Östen. "The Concept of Diaspora as an Analytical Tool in the Study of Refugee Communities." *Journal of Ethinic and Migration Studies*, Vol.28, issue 2, 2010, 221-238.

Pocock, Douglas C.D. *Humanistic Geography and Literature: Essays on the Experience of Place*. New York: Routledge, 2014.

2000년 이후 중국의 지역격차 추세 분석

이찬우 (서원대학교 중국어과 교수)

본 논문은 2011년『중국학연구』제55집에 발표된 논문을 수정·보완한 것임.

1. 서 론

1978년 개혁개방 이후 중국은 시장개방을 통해 놀랄만한 경제 성장을 이루었다. 특히 1992년 덩샤오핑의 '남순강화(南巡講話)'를 계기로 연평균 10% 이상의 경제성장률을 기록하며 세계경제 대국으로 비약적으로 발전하였다. 그러나, 최근 들어 중국의 지속가능한 성장을 저해하는 요인 중의 하나로 소득분배의 불평등 문제가 지속적으로 제기되고 있다. 시장경제와 외자 도입을 통한 경제효율성 추구와 지역 개발로 특징지어지는 중국경제의 비약적인 발전은 지역간 경제적 격차 심화라는 문제점을 수반하였다.

급속한 산업화를 통해 경제발전을 이룬 개발도상국 여러 나라에 있어서 경제성장에 따른 소득 불균형문제는 각 국가의 공통된 관심사라고 할 수 있다. 즉, 경제성장과 소득격차의 시정이라는 두 가지 목표가 상충하는 경우 어떤 것을 최우선 정책목표로 선택할 것인지, 그리고 두 목표를 어떻게 조화시킬 것인지의 문제는 정치·사회적인 문제일 뿐 아니라 지속가능한 성장의 측면에서도 매우 중요한 문제라 할 수 있다.

중국 정부 또한 지역간 경제적 격차를 포함한 소득 불균형문제를 향후 중국 정치·사회 모순을 격화시킬 수 있는 중요한 문제로 인식하고 있다.

2009년 개최된 정치협상회의 제11기 제6차 상무회의에서 중국의 도농(都農)간, 지역(地域)간, 계층(階層)간, 업종(業種)간 경제적 격차를 개혁개방 초기 4.5:1에서 2008년 12.66:1로 확대되었고 도시와 농촌주민의 수입 격차는 1998년 2.51:1에서 2008년 3.31:1로 증가되었다고 진단하였다.(中國政協新聞网, 2009. 6. 17자) 또한 국가발전개혁위원회(国家发展和改革委员会)에서도 소득 불균형을 나타내는 지니계수가 2009년 0.47을 기록하여 중국 사회 안정을 저해할 수 있는 수준에 도달하였다고 발표하였다.

중국의 언론에서도 소득 불균형이 중국의 지속가능한 발전을 저해할 것이라고 우려하고 있다. 소득불균형으로 인한 내수감소로 소비가 GDP에서 차지하는 비율이 80년대 62%에서 2008년 48.6%로 감소되어 중국 경제의 지속발전을 저해하고 있다고 지적했다.

이에 중국 정부 당국은 빈부격차와 사회자원 재분배의 불균형 문제를 해결하기 위한 정치적 노력으로 "조화로운 사회(和谐社會) 건설"을 당의 공식 이념으로 채택했다. 2006년 개최된 중공 16기 6중전회에서 "사회주의 조화사회 건설에 관한 중공중앙의 결정(中共中央关于构建社会主义和谐社会若干重大问题的决定)"을 통과하고 중국 공산당 제17차 전국대표대회에서 당장(黨章)에 삽입함으로써 경제적 격차 해소를 통한 조화로운 사회 건설을 당의 공식 통치이념으로 채택하였다. 또한 2009년 및 2010년도 양회(两会, 전국인민대표대회, 정협 전국위원회)에서 2년 연속 3農문제[1]를 포함한 소득 불균형 문제를 대표 의제로 논의하였다.

중국의 소득 불균형 문제는 크게 지역간 격차, 개인별 소득 격차, 도농(都農)간 격차, 업종간 격차 등으로 나눌 수 있다. 지역간 격차는 경제성장에 따른 지역간 소득격차를 의미하는 것으로 사용되고 있고 최근에는 지역격차의 개념을 소득, 복지, 교육수준, 생활의 질 등 광

1) 3農문제는 농업, 농촌, 농민을 의미하는 것으로 농촌이 개혁개방과정에서 경제적으로 소외받은 현상을 의미한다.

범위한 개념으로 정의되는 경향이 있다. 박병광(2002)의 인간개발지수(HDI)를 이용한 지역격차 분석이 그 예이다.

본 연구는 중국을 중국 정부에서 규획한 3대 경제 권역인 동부, 중부 및 서부 3개 지역으로 구분하여 2000년부터 2015년까지 16년간 중국의 지역간 소득격차가 어떻게 진행되고 있는지 분석하고자 한다.

이를 위해 연도별 중국통계연감(中国统计年鉴)의 국내총생산(GDP) 및 1인당 국내총생산(人均GDP) 데이터를 이용하여 중국 지역 격차의 현황과 추이를 추정한다. 지역 격차를 검증하는 방법으로 본 연구에서는 인구 구성비의 가중치를 고려한 가중변이계수(Coefficient of Variation)와 지니계수(Gini Index)를 사용한다.

본 연구는 2000년대 이후 중국 지역격차의 현황을 실증적으로 분석하는데 목적이 있으며 이를 위해 다음과 같이 구성하였다.

먼저 제1장의 머리말에 이어 제2장에서는 지역 격차에 대한 이론적 고찰과 함께 중국의 지역격차에 대한 선행연구를 정리할 것이다. 제3장에서는 중국 정부의 지역균형발전정책의 변화과정을 살펴보고 제4장에서는 분석척도, 분석 시기, 지역구분 등 분석방법에 대한 검토 후 통계지표와 자료를 토대로 2000년대 이후 중국의 지역격차를 분석한다. 제5장은 연구결과를 요약하고 결론을 맺고자 한다.

2. 지역격차에 관한 이론적 고찰과 선행연구

1) 지역격차 일반에 관한 연구

일반적으로 지역격차는 선진국과 개발도상국 간의 경제적 격차가 존재하는 것과 마찬가지로 자원 및 산업의 분포, 지리적·환경적인 요인에 의해 경제적 격차가 나타나기 마련이다. 이러한 지역격차를 설명하는 대부분의 이론은 경제성장과 소득분포간의 관계를 설명하는 이론을 바탕으로 하고 있다. 쿠즈네츠(Kuznets, 1955)가 역U자형 가설(inverted U-shaped hypothesis)을 제시한 이후 윌리암슨(Williamson, 1968)는 미국의 1950~1960년간을 대상으로 분석한 결과 경제발전의 초기단계에는 성장과 지역격차는 발산(확대)되다가 성숙단계에 이르러서는 수렴(축소)되는 역U자 패턴을 입증한 바 있다. 그러나 이와는 반대로 Mydal(1957), 長尾謙吉(1993), 石川經夫(1994) 등은 미국, 영국, 일본 등의 80년대 중반이후 자료를 분석한 결과 일정기간의 경제성장 이후 소득수준의 증가가 오히려 지역격차를 확대한다는 결론을 제시하였다. 즉 80년대 이후 Kuznets 가설의 설명력이 저하된 것은 기술진보, 세계화와 IT산업의 발전 등 환경 변화에 따라 경제 성장의 과실이 전 지역(또는 계층)으로 파급되는 효과가 약화되었다고 지적한다.[2]

이와 같이 상반된 두 이론은 신고전학파의 성장이론과 누적적 인과관계모델(Cumulative Causation Model) 확대이론과의 연장선상에서 서

2) 자세한 내용은 허문구, 최윤기, 장재홍(2004)의 경제성장과 지역간 격차 참조

로 다른 관점을 제시하고 있다. 즉, 신고전학파 성장이론은 경제성장에 따라 자본이나 노동 등 생산요소의 이동을 통해 지역격차는 수렴된다고 주장한다. 반면 누적적 인과관계 모델은 규모에 대한 수확체증을 상정하고 노동과 자본 등 생산요소의 자유로운 지역간 이동이 반드시 지역간 소득균등화를 보장해 주는 것이 아니라 지역격차를 완화시키는 파급효과(spread effect)와 역류효과(backwash effect)로 구분하여 두가지 상반된 작용이 누적적으로 방향성을 가지고 운동함으로써 성장지역과 낙후 지역간 격차를 해소시키지 않는다고 주장한다.

지역 격차를 해소하기 위한 정책의 하나인 소득재분배 정책에 대해서도 이러한 상반된 관점에 따라 일부 경제학자들은 신 고전학파의 이론을 근거하여 성장 위주의 정책을 추구해야한다고 주장한다. 오쿤(Okun, 1975)은 소득재분배와 경제적 효율성간에는 상호교환(trade off)이 있다고 주장했다. 즉 소득재분배 정책을 강화할수록 경제적 효율성이 낮아져서 경제성장이 둔화된다는 것이다. 한편 코르피(Korpi, 1985)는 OECD 17개국의 사회보장비 지출과 성장률간의 관계를 실증분석한 결과 소득재분배가 경제성간에 통계적으로 유의미한 긍정적인 관계가 있다고 밝혔다.

이와 같이 경제성장과 지역격차간의 관계, 그리고 지역격차를 해소하기 위한 정책의 필요성에 대해 분석대상, 분석방법에 따라 연구자간 서로 다른 연구결과를 제시하고 있다.

2) 중국의 지역격차에 관한 연구

지금까지의 중국의 지역격차에 대한 연구는 크게 두 가지 방향으로 진행되어왔다.

우선 가장 많이 연구가 이루어지고 있는 분야는 중국의 경제성장에 따라 지역격차가 확대되고 있는지, 혹은 축소되고 있는지에 대한 실증 분석이다. 이들 연구는 분석대상으로서의 지역단위와 분석 척도를 설정하여 실제 중국의 지역격차가 어떠한 모습을 보이고 있는지 실증 분석하였다.

鄧翔(2002)은 지니계수와 타일(Theil)계수 및 가중변이계수를 사용하여 개혁개방정책 이후의 중국 지역격차를 분석하였다. 지역격차 발생원인 분석을 위해 지니계수, 타일계수, 가중변이계수 구성요소를 분해하여 개혁개방 이후 산업화 진행에 따라 동부와 서부의 지역격차와 도농(都農)간 주민수입의 격차가 중국 지역격차 발생의 주요인으로 제시하고 서부대개발 및 소득재분배 정책에 대한 이론적 근거를 제시하였다. 徐杰(2004)은 1978년에서 2000년까지의 省별 1인당 GDP 자료를 바탕으로 동부, 중부, 서부 3개 지역 모두 역U자형 가설에 부합된다고 검증하였다. 강승호(1998)는 주민소비액, 국민수입 사용액을 사용하여 개혁개방 이후 동부지역내 省간 격차축소가 중국 전체 격차를 축소시켰지만 90년대 이후에는 지역 격차가 확대되고 있다고 분석하였다. 정홍열(2009)은 중국이 수립된 1949년부터 2006년까지의 기간을 지역개발 정책 기조에 따라 4개 기간으로 나누어 지역간 격차를 분석하였다. 그는 1인당 GDP를 실질 GDP로 변환하여 지니계수, 변동계수, 타일계수 및 베로아 살로마틴의 베타수렴계수를 분석척도로 하였다. 분석결과 1978년부터 2006년까지 지역간 소득격차는 축소되고 있지만, 1990년대 이후 동부와 중·서부 내륙지역 간의 경제적 격차가 점차 확대되고 있고 동부지역내 省간 소득격차가 확대되고 있다고 지적하였다. 김상욱(2009)은 중국 지역격차에 대한 기존 연구 전반에 대한 분석을 기초로 하여 변이계수와 테일엔트로피 지수와 허핀달-허쉬만 지수를 사용하여 수렴 가설과 역U자 가설을 검증하였다. 그는 1990년대 이후 중국 지역격차가 급속히 확대되는 것이 아니라 완만한 축소 과정을 거치면서 확대되고 있고 2002년을 기점으로 새로운 역U자형 주기가 나타나고 있다는 검증 결과를 제시하였다. 한편, 박병광(2002)은 기존 연구와 달리 省별 1인당 GDP와 UNDP에서 발표하는 인간개발지수(HDI)를 사용하여 한족지구와 소수민족지구간 지역격차를 분석하였다.

이들 연구의 공통점은 省을 분석단위로 하여 이를 다시 서부, 중부, 동부 또는 도시, 농촌으로 나누어 이들 통계자료를 바탕으로 지역격차를 실증 분석하고 있다. 省을 분석단위로 한 이유는 중국정부가 발표하는 통계자료 대부분이 기본 행정단위인 省별로 자료를 발표하고 이를 정책의 기초로 하기 때문이다.

두 번째 연구 분야로 중국정부의 지역균형발전정책과 지역격차 발생 원인에 대한 분석이다. 개혁개방정책, 서부대개발 전략 등 중국 정부의 정책을 분석하고 중국 지역격차가 발생하는 요인에 대한 분석이다.

Karbur and Zhang(1999)는 1983년~1995년간 중국의 1인당 소비자료를 바탕으로 중국의 지역격차 발생 요인으로 都農간 격차가 주요 원인으로 지적하고 있다. 송문갑, 김호(1999)는 지역간의 격차요인으로 중국의 도농(都農)간 이중경제정책(二重經濟政策)을 지적하고 있다. 즉, 도농(都農)간 이중경제정책(二重價格政策), 농촌의 과잉노동인구, 연안우선 개발정책이 산업구조를 왜곡하여 지역격차를 초래했다고 분석하였다. 이규택(1998)은 지역간 격차발생요인으로 동부 연안지역의 외국인 투자유치를 포함한 투자 증가와 우대정책, 산업구조의 차이 등을 들었고, 도농(都農) 격차의 원인으로 농업에 대한 투자부족과 분배 왜곡, 업종간 격차는 독점에서 파생한다고 지적하였다. 이에 비해 이종철(2001)은 1985년~1995년까지의 省별 1인당 도시 및 농촌주민의 가계 실질소득 자료를 이용하여 중국 지역 불평등의 원인을 분석하였다. 그는 都農간 격차의 상대적 기여도는 지속적으로 감소한 반면 농촌 불평등의 기여도는 커지고 있고 연안·내륙간 격차의 기여도가 빠르게 증대되고 있으며 90년대 들어 연해·내륙 농촌간 지역격차와 연해지역의 도시 불평등이 전체 지역격차에서 차지하는 비중이 커지고 있다고 지적하였다. 또한 박인성, 서운석(2006)은 중국 지역격차의 원인을 자연환경, 사상문화, 정책 그리고 구조적인 요인 등으로 구분하여 분석하였다.

이상의 기존 연구들을 종합하여 보면 중국의 경제성장에 따른 지역격차의 추세를 省별, 지역별 분석단위로 실증적으로 분석하는 연구와 지역격차 요인을 분해하여 어느 요인이 지역격차에 기여하는지 그리고 지역격차의 발생 원인이 무엇인지를 연구하는 것이 주종을 이루고 있다. 분석 결과는 대체로 1990년대 들어서 지역격차가 증가하는 추세에 있다는 결론을 대체로 공유하고 있고 그러한 격차의 원인이 되는 요인들의 분석에는 연안 우선 개발정책과 상이한 산업구조 등 다양한 원인을 지적하고 있다.

그러나 2000년대 이후 지역격차의 추세와 현황, 그리고 주요 경제지역간, 지역내 격차에 대한 연구는 부족한 실정이다. 현재 중국의 지역 격차가 어느 정도인지 그리고 어떠한 변화추세에 직면하고 있는지를 분석하는 것은 매우 중요한 문제이다. 따라서 본 연구는 선행연구를 바탕으로 중국통계연감의 자료를 이용하여 2000년대 이후 성별(省別), 지역간(地域間) 그리고 지역내(地域內) 격차를 분석하고자 한다.

3) 중국 지역발전 정책의 변화과정

도농간, 지역간, 계층간, 업종간 경제적 격차로 특징지어지는 중국 지역격차 문제는 중국의 경제개발정책(또는 지역 발전 정책)과 결부되어 장기간 형성된 문제이다. 현재 중국은 지역균형 발전을 달성하기 위해 여러 가지 정책을 수행 중에 있다.

이 장에서는 현재까지 중국정부의 지역균형 발전 정책의 노력 및 성과를 3개 기간으로 나누어 살펴보고자 한다. 첫 번째 기간은 新중국 건국 후 개혁개방 전 시기, 두 번째 기간은 1978년 개혁개방 이후 1999년까지의 약 20년간의 선부론(先富論)으로 대표되는 불균형 발전시기, 그리고 3번째 시기는 1999년 제안된 서부 대개발 전략과 2003년 동북낙후공업기지 진흥정책과 중부개발 전략 등 균형 발전 시기인 2000년 이후 현재까지의 기간이다.[3]

우선 첫 번째 기간(1949년~1978년)은 사회주의 계획경제에 따라 중공업 우선 발전전략, 중·서부발전전략, 국방상의 목적으로 계획된 삼선건설(三線建設)로 특징지어진다. 1949년 건국 당시 중국은 장기간의 전쟁과 반식민지 통치로 인해 산업구조나 경제성장면에서 매우 낙후된 상태였다. 제1차 5개년 계획이 발표된 1953년의 산업구조를

---

3) 중국의 지역발전시기는 연구목적에 따라 달리 구분할 수 있다. 또한 각 시기별로 중국의 지역격차가 수렴 또는 확대되었는지의 연구도 다양하게 진행되어 왔다. 본 연구의 주된 목적이 2000년 이후 중국 지역격차의 추세와 현황에 있으므로 시대별 지역격차 추세는 생략하기로 한다. 또한 시대별 정책에 따른 지역격차의 해소 유무에 대한 분석은 다음과 같은 이유로 큰 이론적 의의가 없다. 첫째, 경제정책과 그에 따른 정책효과가 발생하는 시점 간에는 일반적으로 상당한 시간(Time lag)이 필요하다는 점이다. 둘째, 지역격차는 경제정책에 따라 축소되거나 확대되는 단순한 결과물이 아니라 지리적, 역사적, 사회적인 요인이 복합적으로 작용한 결과이다.

보면 1차 산업이 57.7%, 2차 산업이 23.1%, 3차 산업이 19.2%를 차지하는 전형적인 농업중심의 경제구조였다. 또한, 대부분의 공업시설은 텐진(天津), 션양(沈陽), 안산(鞍山), 부순(撫順) 등 동부 지역에 밀집해 있었다. 이에 중국은 사회주의 공업화 기반을 건설하고 국방을 강화하기 위하여 석탄, 철강, 전략, 석유, 화학공업 위주의 중공업 우선 발전전략을 취하게 된다. 이와 함께 군사적 목적에 따라 국가의 주요 산업을 내륙 내부에 배치하기 위하여 연해지역을 1선, 중부지역이 2선, 후방지역을 3선으로 나누어 중·서부 지역에 대한 투자를 확대하였다.[4] 이러한 정책 결정에 따라 3·5 계획기간(1966~1970) 중 전국 기본 건설투자 중 동부지역에 대한 투자는 26.9%로 줄어든 반면, 3선지역인 중·서부에 대한 투자비중은 52.7%로 증가하였다. (정홍열, 2009) 이러한 삼선건설로 인해 중칭, 청두, 쿤밍, 귀양, 시안 등 중·서부지역에 석탄, 제철, 천연가스, 화학비료 등의 중화학 공업부문이 발전하게 된다.

1970년 1인당 GDP 순위 12위안에 칭하이(青海), 꾸저우(贵州), 닝샤(宁夏), 산시(陕西) 등 3線 도시가 포함되었다는 것은 이들 지역에 대한 투자가 얼마나 많았는지를 단적으로 보여주는 예이다. 삼선건설에 대한 평가는 건국 초기 지역경제 분포의 불균형 상황을 개선하고 중·서부지역이 발전할 수 있는 기초를 다졌다는 긍정적인 평가도 있으나, 문화대혁명 및 중소(中蘇)간 분쟁에 따른 정치적 군사적 목적

4) 一線은 베이징(北京), 텐진(天津), 상하이(上海), 랴오닝(辽宁), 허베이(河北), 산둥(山东), 장슈(江苏), 저장(浙江), 푸지엔(福建), 광둥(广东), 광시(广西) 등 동부 연안지역이고 三線은 쓰촨(四川), 꾸저우(贵州), 간수(甘肃), 닝샤(宁夏), 산시(陕西), 칭하이(青海), 후베이(湖北), 후난(湖南) 등 지역이다. 二線은 일선과 삼선을 제외한 헤이룽장(黑龙江), 지린(吉林), 내몽고(内蒙古), 허난(河南), 안후이(安徽), 장시(江西), 신장(新疆), 윈난(云南), 티베트(西藏) 등의 지역을 말한다.

에 따라 경제적 효율성을 무시한 지역 발전 정책으로 연안지역의 공업기지 이주, 농업 및 경공업에 대한 투자 부족, 투자재원의 낭비 등 국민경제 전반에 비효율성을 초래한 정책이라는 게 일반적인 평가이다.

두 번째 단계는 이러한 경제적인 비효율성을 개선하고 사회주의 계획경제의 변화를 공식적으로 표명한 1978년부터 서부대개발 정책 등 균형개발정책이 대두한 1999년까지의 기간이다. 1978년 중국공산당 제11기 3중전회(中全會)에서 중국은 개혁개방정책을 대내외적으로 공식 천명한다. 이는 소위 선부론(先富論)을 바탕으로 한 동부 연해지역 우선발전전략으로 특정 지역의 경제를 성장시킨 후 이를 다른 지역으로 파급함으로써 공동부유(共同富裕)에 이르게 한다는 것이다.

중국정부는 불균형 경제개발정책을 통해 경제적인 효율성을 제고하기 위하여 세 가지 분야의 개혁을 단행한다. 우선 중국정부는 80년대 초 연해지역에 4개의 경제특구, 5개의 연해 경제개발구를 설립하고 14개의 연해 개방도시를 지정하였다. 이들 연해지역 경제특구는 해외자본 유치에 비교적 유리한 지역일 뿐 아니라 특구를 관할하는 지방정부에 수출기업에 대한 외환보유권리를 부여하는 등 상당한 재량권을 부여하여 효율성을 추구하였다. 다음으로 경제특구 지정의 연장선으로 외국인직접투자(FDI)를 통한 선진기업의 자본과 기술을 동시해 흡수하는 정책이다. 이를 위해 중국정부는 동부지역에 교통, 통신, 서비스 시설 등 인프라 투자를 대폭 확대하고 세제, 무역, 투자우대 등 특혜정책을 시행하였다. 마지막으로 소유제 개편을 통한 효율성 제고이다. 중국은 향진기업(鄉镇企業)을 중심으로 비국유기업을 육성과 함께 국유기업 개혁을 진행하였다. 1992년 중국은 국유기업의 저효율성을 개선하기 위하여 기업의 소유구조는 공유제를 기본으로 하고 개체, 사영(私營) 및 외자경제를 보충으로 하여 서로 평등하게 경쟁하고 공동으로 번영하게 한다는 소유구조 개편전략을 발표하였다. 1993년 公司法 도입, 1997년 주주제 도입 등의 제도 개편을 통해 사회주의 시장경제를 발전시켜 나갔다. 서석홍(2000)에 따르면 소유제별 GDP 비중은 국유경제가 1978년 56%에서 1993년 42.9%로 하락한 반면 비공유경제는 1%에서 12.3%로 상승하였다. 즉 향진기업을 포함한 사영기업의 자율성과 효율성을 최대한 이끌어 내어 경제발전을 추구하였다.

중국의 이러한 불균형 성장 전략은 연평균 10% 내외의 경제성장을 가져온 반면 동부와 중서부간 지역격차, 소득격차를 가져왔다. 정홍열(2009)은 개혁개방 이후 1992년 '남순강화(南巡講話)'까지 그리고 그 이후의 시기로 구분하여 전자의 시기에는 소득격차 등 지역격차가 감소되다가 1992년 이후 다시 확대되었다고 주장하고 있다. 그러나 대부분의 실증 분석 결과와 같이 개혁개방 이후 지역격차는 확대되어 90년 후반 이후 지역균형 개발정책이 등장하게 되었다. 즉 당초 중국 정책 입안자들이 기대했던 동부 연해지역 개발이 중서부지역으로의 파급효과를 창출하지 못하자 지역간 균형발전정책이 이에 대한 반작용으로 제기되었다.

마지막 세 번째 단계는 지역격차를 완화하기 위안 균형발전 정책시기(2000년~현재)이다. 이 시기 지역균형 발전전략의 핵심은 중·서부지역 개발을 중심축으로 하여 동부 연안지역뿐 아니라 서부지역과 중부지역까지 시장화, 도시화, 공업화 촉진을 통해 산업구조조정, 도시문제, 농촌문제를 해결하고 중국경제를 지속가능한 발전으로 이끌기 위한 것이다.

2000년대 지역균형발전 및 조화로운 사회 건설(和諧社會建設)을 위해 중국정부가 발표한 주요한 균형발전정책으로 서부 대개발 전략과, 동북노후공업기지 진흥정책 및 중부개발 전략 그리고 3농문제(三農, 농업·농민·농촌) 해결을 위한 정책 등을 꼽을 수 있다.

서부 대개발 전략은 중국 국토 면적의 71.5%(686만㎢)에 해당하는 서부지역을 개발하여 지역간 균형발전, 내수 진작 및 현대화 실현을 위해 야심차게 추진되어 온 정책이다. 2010년까지 초기 정책수립 및 기초기반 시설 건설, 2015년까지 자체 개발능력 제고, 2050년까지 서부지역의 도시화 및 국제화 수준 제고라는 3단계 장기 발전전략 프로젝트로 추진되고 있다.[5] 이러한 배경 하에 제기된 서부 대개발 전략은 지난 10년 동안 서부지역에 사회기반 확충을 위해 120건의 프로젝트에 2조 1380억 위안을 투자하였다.

2010년 7월 국무원은 서부대개발공작회의(西部大開發工作會義)에서 서부대개발 10년을 회고하고 향후 서부발전의 3대 목표(서부지역의 종합경제능력 제고, 동부지역과의 격차 축소, 생태환경 악화 방지)와 6개 항목의 중점사업(기초인프라 건설, 산업구조 고도화, 새로운 경제성장지 건설, 대내외 개방, 환경보호, 사회보장 강화)을 발표하였다. (2010, KIEP 중국 권역별·성별연구단 보고서)

서부 대개발 전략에 대해 2000년 1조 6.655억 위안에 불과한 GDP가 2009년 6조 6,868억 위안으로 연평균 11.9% 성장하였고, 서부지역 도시와 농촌주민의 소득도 각각 2.7배, 2.3배 증가하였지만 같은 기간 동부와 서부의 GDP 절대 격차는 여전히 줄어들지 않고 오히려 확

---

5) 중국정부는 서부대개발 11·5 계획(2006~2010)에서 기존 서부대개발 정책을 계속 추진하면서 광시(广西)북부만경제구, 청위(成渝)경제구, 관중(關中)-텐수이(天水)경제구 등 3개 중점개발구를 지정·육성하여 2020년까지 마무리 계획이라고 발표하였다.

대되고 있다는 부정적 평가도 있지만, 서부대개발 전략이 2050년까지의 장기간에 걸친 프로젝트인 점을 고려할 때 이에 대한 평가는 신중할 필요가 있다.

다음으로 지역균형 발전정책의 일환으로 2003년 발표된 동북노후공업기지 진흥정책은 개혁개방 이후 낙후된 동북3성을 주강삼각주, 장강삼각주, 북경-천진-하북에 이은 제4대 경제성장의 축으로 육성하자는 것이다.

기존 동북 3성 지역은 1950년대 구소련의 중화학 공업 프로젝트를 유치하여 중국 중화학공업의 요충지 역할을 수행해 왔으나, 국유기업 위주의 경제구조와 중화학 공업시설에 대한 재투자 미비 등으로 낙후된 상태에 있었다. 중국 전체에서 동북 3성이 차지하는 GDP 비중이 1978년 14.7%에서 2005년 9.4%로 동부 연안지역에 비해 경제적 지위가 크게 하락한 상태였다. 이러한 동북3성의 침체된 경제 상황을 개선하여 지역간 균형발전을 도모하고 국유기업 개혁의 일환으로 동북3성 진흥계획을 발표하게 되었다. 2003년 중공 중앙위원회와 국무원이 공동 발표한 '동북지역 등 노후공업기지 진흥전략 실시에 관한 의견(關于實施东北地區等老工業基地振興戰略的若干意見)에 따르면 동북 3성 지역을 2020년까지 기계설비 제조기지, 원자재 공급기지, 첨단기술 산업기지, 식량생산과 녹색식품 기지, 유라시아대륙 횡단 기지로 육성할 계획이다.[6]

마지막으로 2000년대 지역균형발전정책으로 3농문제 해결을 포함한 도농간 소득격차 완화를 위한 정책이다. 중국정부는 90년대 후

---

6) 동 계획에 따라 중앙정부는 장비제조업, 석유화학공업, 제련업, 자동차 제조업 등 비교우위산업을 선정하여 297개 프로젝트에 총 1,089억 위안의 국채 발행을 통해 조달된 동북진흥기금을 투입하였다.

반 이후 중국인구의 70% 이상을 차지하는 농촌 문제를 향후 중국의 정치·사회적 안정과 지속가능한 경제발전에 핵심적인 사안으로 인식하고 다양한 정책을 발표하고 있다. 2004년 3월 전인대(全人大)에서 농촌에 대한 재정지출을 전년 대비 20% 이상 확대하기로 하고 농업세 또한 단계적으로 철폐하기로 결정하였다. 2006년 '신농촌건설' 운동 추진, 2010년 공산당과 국무원의 중앙 1호 문건에서 '도농 통합발전을 위한 농업·농촌 발전 기초강화를 위한 의견' 등을 발표하였다.[7] 이 문건에는 농촌의 인프라 건설이 아니라 농촌을 도시화하여 내수진작과 일자리 창출 등을 유도하여 중국의 지속가능한 성장을 뒷받침한다는 내용을 담고 있다. 이 외에도 도농간 격차가 해소하기 위해 농촌인력의 대도시 이동 허용, 농촌 주변도시 개발, 농가 세부담 경감, 농업 부가가치 제고 등을 추진하고 있다.

이상의 논의를 요약하면 개혁개방을 통해 중국 정부는 동부 연해지역 발전전략과 특혜정책을 통해 경제성장을 이룩한 반면 불균형발전정책의 당연한 결과로 동부지역과 중·서부 지역간 경제적 격차가 발생하였다. 이러한 지역 격차 이면에는 도농간 격차, 계층간 격차, 산업간 격차를 내포하는 것으로 이를 시정하고 지속가능한 경제발전을 이룩하기 위하여 중국 정부는 균형발전정책을 추진하게 되었다.

7) 정환우(2006, 무역연구소)에 따르면 '신 농촌건설'운동은 대대적인 선전을 통한 대중운동 방식으로 농촌의 경제·사회발전에 관련된 모든 조치가 망라되어 전략의 초점과 정책의 비일관성으로 중장기적인 농촌 발전에 한계가 있다고 지적한다.

4. 중국 지역격차 추이 분석

1) 분석 방법

선행연구에서 살펴봤듯이 중국의 지역격차를 측정하는데 있어서 많은 국내외 학자들이 다양한 방법으로 분석하였다. 기존 연구들의 실증분석에서 중국의 경제발전에 따라 지역격차가 해소되고 있는지 혹은 확대되고 있는지에 대한 통일된 결론에 이르지 못하고 있다. 이러한 분석결과의 원인은 분석자료, 분석대상 시기, 지역구분, 분석 지표(척도)에 따라 상이한 연구 결과를 가져오기 때문이다.

지역격차(regional disparity) 또는 지역 불균형(ragional imbalance)에 대해 여러 가지 개념으로 정의할 수 있으나, 본 연구는 지역격차를 지역간 및 지역내 경제적 격차로 한정하고, 분석방법으로 다음과 같은 방법을 사용하여 분석할 것이다.

(1) 분석 자료 및 분석 기간

중국의 지역간 격차를 추계하기 위한 데이터로 다양한 지표들이 사용 되어왔다. 생산소득 측면의 데이터로는 농·공업총생산액, 사회총생산액, 국민수입, 국내총생산액 등이, 분배 소득 측면의 데이터로는 도시와 농촌주민의 소비액 등을 사용하고 있다. 이 외에도 내구소비재 보유대수, 자동차 보유대수, 정보통신 격차(digital divide) 등 경제

생활 수준을 나타내는 지표를 활용해 지역격차를 측정하는 방법이 있다. 이러한 특정 경제지표를 사용한 분석은 분석대상의 소비수준 또는 구매력을 측정하기 위해 사용되어 진다.

일반적으로 분배소득 측면의 인구 1인당 주민소비액이 생산 활동에 의해 수취되는 소득이 최종적으로 귀속되는 분배소득을 나타내는 것으로 후생수준을 가장 포괄적으로 나타내는 지표로 평가되고 있다. 중국의 경우 이와 유사한 개념으로 가처분소득 지표가 있다. 가처분소득은 개인이 직접 처분할 수 있는 소득을 의미하는 것으로 중국에서는 1인당 농촌주민순수입(農村居民家庭平均每人純收入)과 도시주민평균수입(城镇居民平均每人全年家庭收入)이 있다.[8] 그러나 Lyons(1991)가 지적하였듯이 주민소비와 관련된 통계 데이터가 지역 후생개념을 가장 잘 반영하는 것임에도 불구하고 일부 省·市의 경우 누락된 자료가 많아 시계열 자료로 사용할 수 없다. 또한 중국국가통계국(中國國家統計局)에서 주민 소비액을 도농별로 구분하기 위해 사용하는 도농인구는 도시, 농촌 개념 구분에 의한 인구수가 아닌 호구(戶口) 개념에 따라 구분한 것이다. 따라서 도시와 농촌의 소비수준을 정확히 반영한다고 볼 수 없다.

생산소득 측면의 지역별 국내총생산(GDP), 농·공업 생산액은 해당 지역의 경제발전 수준을 나타내는 대표적인 지표로 지역간 격차를 비교할 때 가장 많이 사용되어 왔다.[9]

---

8) 농촌주민 순수입은 농가 총소득에서 생산·비생산 경영비용의 지출, 세금 그리고 집체로부터의 청부금을 납부한 후 남은 소득으로 농가의 실질소득 수준을 반영하는 종합적인 지표이고, 도시주민 평균수입은 개인소득세, 재산세 및 경상성 이전지출을 지불하고 난 후의 소득을 말한다.

9) 중국의 GDP는 일반적으로 국민계정에서 사용되는 서비스부문과 私營企業 부문이 과소평가되어 왔다. 김상욱(2009)에 의하면 2005년에 실시된 제1차 전국

따라서 본 연구에서도 지역별 1인당 국내총생산(人均GDP)을 기초 데이터로 하여 중국 지역격차를 분석하고자 한다.

또한 중국 지역격차의 분석기간은 연구목적에 따라 또는 중국의 지역개발정책에 따라 상이하게 설정되어 왔다. 일반적으로 개혁개방 이전과 이후 그리고 90년대 이후로 구분하는 경우가 많으나 본 연구에서는 중국 정부의 균형발전정책을 본격적으로 추진하는 2000년부터 가장 최근 연도인 2015년까지의 16개 연도를 분석 기간으로 설정하였다.

(2) 지역 구분

중국은 오랫동안 행정 지역을 성(省) 단위에서 구분해왔고 현재 마카오, 홍콩 등의 특별행정구역을 제외한 31개 성이 존재하고 있다. 그 중 베이징(北京), 상하이(上海), 텐진(天津), 충칭(重庆)은 직할시로 지정되어 있으며, 내몽고(内蒙古), 광시(广西)신장(新疆), 닝샤(宁夏), 티베트(西藏) 등은 자치구(自治區)로 규정되어 있다. 이들 31개 행정구역들은 중앙정부 통제하의 동일한 법과 정치적 체제 내에 있지만 행정적 또는 경제적으로 독립된 지리구(地理區)로 여겨지고 있다.

중국은 기본적으로 성급(省級) 단위로 하여 주요 경제정책을 실시하고 있다. 제6차 5개년 계획기(1981~1985)에서 처음으로 전국을 경제

경제센서스에서 기존의 지역별 GDP 자료에 큰 조정을 하였다. 즉 중국통계국은 각 지역별 3차산업의 경제활동을 1978년 이후의 통계자료에 반영하여 2006년 이후의 《중국통계연감》 자료는 일부 지역의 특정 연도를 제외하고 수정된 자료를 제공하고 있다.

구역으로 구분하기 시작하였다. 당시 중국 정부는 연해지구, 내륙지구, 변경소수 민족지구로 구분하여 지역균형 발전정책 목표를 설정하였다. 제7차 5개년 계획(1986~1990)부터 중국 정부는 지역발전전략에 따라 지역경제권역을 동부, 중부, 서부지역으로 구분하기 시작하였다.

이러한 지역 구분 외에도 경제정책의 목적에 따라 10大 경제구, 6大 경제구 등으로 구분하였고 2000년부터는 서부대개발 정책을 발표하면서 내몽고(内蒙古), 광시(广西)를 서부지역에 포함하여 <표 1>과 같이 현재 서부지역은 12개 성(省), 동부지역은 11개 성(省), 중부지역은 8개 성(省)급 행정구역을 포함하고 있다.

제11차 5개년 계획(2006~2010)에서는 동북지역 개발계획을 반영하여 서부, 동북, 중부 및 동부지역 등 4개 지역으로 구분하였다.

< 표 1 > 중국의 동부, 중부 및 서부지역의 구분

지역	성(省)·시(市)·자치구(自治區)
동부지역 (11개 지역)	베이징(北京), 텐진(天津), 상하이(上海), 랴오닝(辽宁), 허베이(河北), 산둥(山东), 장슈(江苏), 저장(浙江), 푸지엔(福建), 광둥(广东), 하이난(海南)
중부지역 (8개 지역)	헤이룽장(黑龙江), 지린(吉林), 산시(山西), 허난(河南), 안후이(安徽), 후베이(湖北), 장시(江西), 후난(湖南)
서부지역 (12개 지역)	신장(新疆), 간수(甘肃), 닝샤(宁夏), 산시(陕西), 칭하이(青海), 쓰촨(四川), 귀저우(贵州), 윈난(云南), 티베트(西藏), 충칭(重庆) 내몽고(内蒙古) 광시(广西)

본 연구에서는 공식적인 통계자료 획득의 용이성 및 주요 정책이 성급(省級) 단위로 이루어지는 점을 고려하여 홍콩과 마카오를 제외한 31개 성(4개 직할시와 5개 자치구 포함)을 지역격차 분석대상으로 하고 여기에 중국 정부가 획정한 동부·중부·서부 지역에 따라 지역을 구분하여 지역격차를 분석할 것이다.

(3) 분석 지표

격차의 측정하는 방법에는 크게 절대격차와 상대격차 두 가지가 있다. 절대격차의 측정방법에는 최대치와 최소치를 비교하는 방법과 평균차와 표준편차를 측정하는 방법이 있다. 절대격차는 비교의 대상이 소수일 경우에 유효하나 지역간 격차와 같이 비교의 대상이 다수 존재할 경우 오류가 발생하기 쉽고 두 시점 이상을 비교할 경우 실질적인 격차를 나타낼 수 없다.

상대격차를 측정하는 방법에는 최대치와 최소치의 절대격차를 평균치로 상대화하는 방법, 지니계수(Gini Index), 변이계수(Coefficient of Variation), 타일계수(Theil Index), 아트킨슨 지수(Atkinson Index) 등이 있다.[10]

이 중 지역격차 분석에 자주 사용되는 방법으로 인구분포와 소득분배의 격차에 대한 계측이 가능한 지니계수와 지역간 격차의 확대 및 축소를 측정하는 대표적인 척도인 변이계수, 그리고 변이계수에 해당지역의 인구 가중치을 사용하여 계산하는 가중변이계수, 엔트로

10) 자세한 사항은 周国富(2000)의 中國经济发展中的地区差距问题研究 참조

피 개념을 사용한 타일계수 등을 들 수 있다.

지역격차 분석 척도로 단순 변이계수를 사용할지 가중 변이계수를 사용해야 할지 논쟁이 있다. 刘树成(1994)은 인구규모에 의한 가중평균을 한 지표와 그렇지 않은 지표, 그리고 두가지 모두를 이용하여 지역격차를 측정하였는데 격차의 크기는 다르지만 그 경향에는 큰 차이가 발견되지 않았다.

일반적으로 지역구분에 따라 단순 변이계수와 가중 변이계수를 구분하여 사용하는데 단순 변이계수는 여러 省으로 구성된 지역간 비교를 위한 실증분석에는 가중 변이계수보다 민감하게 반응하여 적절하지 않다. 본 연구와 같이 한 국가내 시계열적 변화에 따라 여러 省을 단위로 하여 지역간의 격차를 분석대상으로 하는 경우에는 가중변이계수가 적합하다.

따라서 본 연구는 Williamson(1965)의 실증 분석 이래 가장 많이 사용되고 있는 가중 변이계수를 기본적으로 사용하고 보충적으로 지니계수(Gini Index)를 사용하여 이들 두 지표를 비교하고자 한다.[11]

인구구성비의 가중치를 고려한 가중 변이계수의 추정 방법은 아래 식과 같다.

$$CV_w = \frac{\sqrt{\sum_{i=1}^{n}(y_i - v)^2 \cdot \frac{P_i}{P}}}{v}$$

i=1,,,,,.n (31개 성)

11) 세계은행에서 각국의 지니계수(Gini Index)를 발표하지만 중국의 지니계수는 일부 연도자료만 있어 시계열 자료로 활용하기에는 불충분하고 중국 국가통계국(國家統計局)에서 발표하는 지니계수는 신뢰성에 의문이 제기되고 있다. 따라서 지니계수는 보충적 자료로 활용할 예정이다.

여기에서 y_i 는 i지역의 일인당 소득을 나타내고 v 는 지역전체의 평균소득을, n은 추정 대상 지역의 수를 나타낸다. P는 전체 인구, *Pi* 는 i지역의 인구를 나타낸다. 인구 구성비의 가중치를 고려한 가중변이계수(cv_w)에서는

평균소득 v 는 단순평균($\frac{1}{n} \cdot \sum_{i=1}^{n} y_i$) 대신에

가중평균 ($v = \frac{1}{P} \cdot \sum_{i=1}^{n} y_i p_i$)을 사용한다.

추정결과 변이계수의 값이 커질수록 격차의 정도가 높다는 것을 의미한다.[12]

다음으로 지역별 인구 및 소득의 구성비를 사용하여 불평등의 크기를 나타내는 지니계수(Gini Index)를 측정하는 계산식은 아래와 같다.

$$Gini = \frac{1}{2n^2 u} \sum_{i}^{n} \sum_{j}^{n} \left| y_i - y_j \right|$$

여기에서 μ 는 국가 전체의 평균소득을 나타내며 y_i 는 i번째 구성원(지역)의 소득이다. 추정된 지니계수가 1에 가까울수록 소득 불평등도가 높아지고, 보통 0.4가 넘으면 소득 불평등도가 심각한 것으로 판정한다.

12) 가중변이계수의 자세한 수학적 설명은 王志江, 胡日东(2006)의 修正加權變异系數 : 度量收入分配平等程度的有用指標 참조

2) 분석 결과

앞에서 설명한 바와 같이 중국의 지역격차를 분석하기 위하여 16년간의 중국의 성(省)별 국내총생산 및 1인당 GDP(국내총생산) 데이터를 활용하였다. 2000년 이후 중국의 지역별 1인당 GDP 데이터는 <부표 1>과 같다.[13]

<표 2>와 <그림 1>은 2000년부터 2015년까지 1인당 GDP의 인구가중 변이계수 추이와 지니계수 추이 그리고 1인당 GDP 최고 성(省)과 최저 성(省)의 비율 추이가 계산되어 있다.

중국의 1인당 GDP는 2000년 7,944 위안(元)에서 2015년 50,005 위안(元)으로 증가하여 2000년 대비 6.3배 증가하였다. 또한 분석기간 1인당 GDP는 전년 대비 매년 평균 13.1%로 증가하고 있음을 확인할 수 있다.

이러한 1인당 GDP의 양적 성장과 함께 1인당 GDP가 가장 높은 지역인 베이징(北京)과 가장 낮은 지역인 귀저우(贵州)의 1인당 GDP를 비교한 결과 두 지역간 격차는 2000년 8.4배에서 2015년 3.6배로 축소되었다.

지역간 1인당 소득 불균형 정도를 추정하기 위하여 인구 가중치를 고려한 변이계수를 살펴보면 2002년을 제외하고 분석기간 동안 지속적으로 확대되고 있다. 특히 2010년 0.161에서 2015년에는 0.174로 확대되어 중국 전체의 지역격차는 확대되고 있음을 알 수 있다.

13) 31省(자치구, 직할시 포함)의 1인당 GDP 합은 중국 전체의 GDP와 일치해야 하나 통계상의 오차 등으로 약간의 차이가 있다. 이는 지역간 격차 분석에 큰 영향을 미치지는 않으므로 부표 1의 자료를 바탕으로 지역간 격차의 추이를 살펴본다.

1인당 GDP가 가장 높은 지역과 가장 낮은 지역 간의 격차를 단순 비교하면 중국의 지역격차가 축소되는 것으로 나타났지만, 인구 가중치를 고려한 변이계수로 분석한 결과 중국의 지역격차는 2000년 이후 계속 확대되고 있다.

이러한 분석결과는 기존 선행연구(김상욱, 2009)[14]와는 다른 결과로, 2000년 이후 중앙정부에서 추진된 서부대개발, 동북3성 노후공업기지 진흥계획, 중부개발 전략 등 일련의 지역균형발전 정책에도 불구하고 중국의 지역격차는 확대되고 있다고 해석할 수 있다.

< 표 2 > 2000년 이후 중국의 1인당 GDP 및 지니계수

(단위 : 위안)

연도	1인당 GDP			지니계수
	금액	변이계수	최고省과 최저省비율	
2000	7944	0.105	8.4	0.436
2001	8744	0.106	8.8	0.433
2002	9669	0.104	9.5	0.436
2003	10903	0.117	8.9	0.479
2004	12544	0.123	9.5	0.473
2005	14566	0.132	9.0	0.485
2006	16942	0.140	8.7	0.487

14) 김상욱의 연구는 1952년에서 2008년까지 장기간의 1인당 GDP의 변이계수를 활용하여 중국의 지역격차를 분석한 결과 2002년을 기점으로 새로운 역U자형의 주기가 나타나고 있다고 검증하였다. 이는 1990년 중국의 지역격차가 확대되다가 2002년 이후 축소되어 경제가 성장할수록 지역격차가 축소될 것이라는 역U자 가설을 검증하였다. 그러나 본 연구 분석기간인 2000년부터 2015년까지 기간에는 역U자 가설이 검증되지 않았다.

2007	20724	0.149	8.4	0.484
2008	24310	0.153	6.5	0.491
2009	26357	0.155	6.1	0.490
2010	30965	0.161	5.6	0.481
2011	36504	0.165	5.0	0.477
2012	40090	0.167	4.4	0.474
2013	43924	0.170	4.1	0.473
2014	47266	0.172	3.8	0.469
2015	50005	0.174	3.6	0.462

자료 : 중국통계연감(中國統計年鑑), 중국국가통계국(中國國家統計局)

또한 계층간 소득 불평등도를 나타내는 중국의 지니계수는 2010년 이후 감소하고 있지만 2000년 이후 소득 불평등도 위험수준인 0.4를 계속 초과한 상태로 소득 불평등도는 여전히 해소되지 않고 있다. 특히 2008년과 2009년 중국 지니계수는 0.491과 0.490을 기록하며 가장 높은 소득 불평등도를 보여주고 있다.

< 그림 1 > 지역별 1인당GDP 변이계수 추이

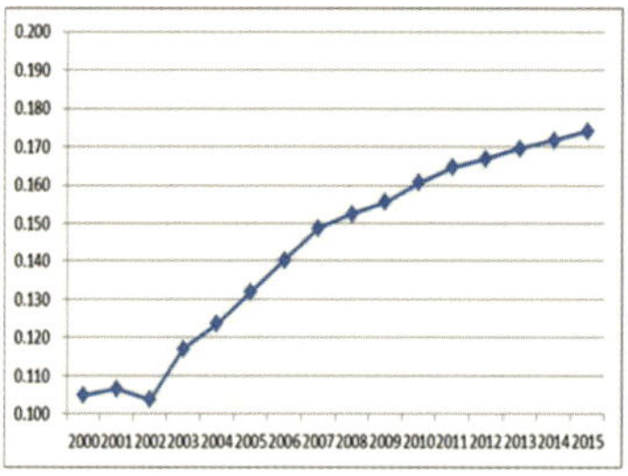

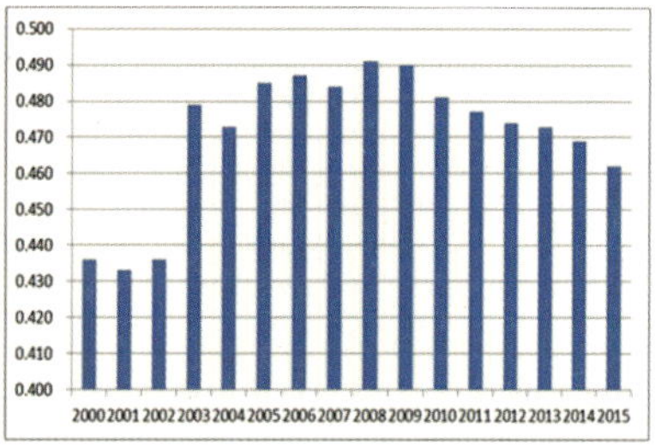

자료 : <표 2>를 토대로 작성

다만 이상의 결과에서 2000년대 이후 중국의 지역격차가 지속적으로 확대되었다고 명확히 단정하기 어렵다. 그 이유는 2002년 이후 인구 가중치를 고려한 변이계수는 지속적으로 확대하고 있지만, 시계열 자료가 비교적 짧은 기간이고 중국의 지니계수 또한 2010년 이후 소폭으로 감소되기 때문이다. 따라서 보다 장기간에 걸친 분석이 필요할 것 보인다.

다음은 동부, 중부 및 서부 지역 내에서의 격차를 확인하기 위해 인구 가중치를 고려한 변이계수 결과는 <표 3>과 <그림 2>에 제시되어 있다.

1인당 GDP는 절대 금액 면에서 동부, 중부, 서부 지역 순으로 높은 것으로 나타났다. 동부, 중부, 서부 지역의 분석기간(16년간) 평균 1인당 GDP는 각각 36,875 위안(元), 19,981 위안(元) 및 18,247 위안(元)으로 동부지역의 1인당 GDP가 서부지역의 약 2배인 것으로 확인할 수 있다.

변이계수를 이용한 지역내 상대적 격차 추이는 <그림 2>에서 비교적 명확하게 나타난다.

2000년 초반기에는 지역내 격차가 높은 지역은 동부, 중부, 서부 지역 순 이였으나 2008년 이후 지역내 격차가 높은 지역은 서부, 동부, 중부 지역 순으로 바뀌고 있다.

중부지역은 지역균형정책에도 불구하고 지역내 상대적 격차가 큰 변화가 없지만 동부지역은 지역내 격차가 2003년 이후 지속적으로 감소하고 있다. 반면 서부지역은 2000년에서 2008년까지 지역내 격차가 계속 증가하여 2008년을 기점으로 동부 및 중부지역에 비해 높은 지역 격차를 보이는 것으로 나타났다.

이러한 결과는 서부지역의 경우 서부대개발 정책에 따라 사회간접

자본투자, 타 지역 기업의 유입 등으로 저성장 구조에서 고성장 구조로 전환되면서 지역내 상대적 격차가 심화되고 있다고 해석될 수 있다.

이러한 점은 중국내 한 지역의 경제적 성장은 성장단계에 따라 상이한 지역내 격차를 유발하는 것으로 저개발 지역이 일정기간 경과 후 지역 격차가 감소할지 여부는 향후 지속적인 연구가 필요하다.

특히 동부 지역의 경우 2003년 이후 인구 가중치를 고려한 변이계수가 감소하여 지역내 격차가 축소되다가 2012년 이후 다시 지역내 격차가 확대되는 점을 고려할 때 일정수준의 성장단계 이후 지역내 격차가 축소 또는 확대될 지에 대해 보다 장기적인 연구가 필요한 것으로 생각된다.

< 표 3 > 2000년이후 중국 지역별 1인당 GDP

(단위 : 위안)

구분	동부		중부		서부	
	1인당GDP	변이계수	1인당GDP	변이계수	1인당GDP	변이계수
2000	11,334	0.125	5,982	0.068	4,687	0.062
2001	13,274	0.126	6,179	0.071	5,140	0.062
2002	14,973	0.117	6,817	0.057	5,713	0.064
2003	17,405	0.126	7,741	0.063	6,535	0.068
2004	19,716	0.114	9,295	0.051	7,930	0.074
2005	23,147	0.105	11,108	0.053	9,325	0.081
2006	26,785	0.101	12,912	0.051	11,202	0.085
2007	31,491	0.099	15,619	0.051	13,628	0.089
2008	36,503	0.088	18,746	0.049	16,680	0.101

2009	39,319	0.084	20,499	0.045	18,407	0.105
2010	45,510	0.080	24,871	0.041	22,570	0.104
2011	52,949	0.075	30,119	0.041	27,672	0.103
2012	57,429	0.073	33,382	0.043	31,268	0.099
2013	62,621	0.073	36,421	0.043	34,652	0.092
2014	66,960	0.074	39,098	0.045	37,487	0.089
2015	70,588	0.077	40,901	0.047	39,054	0.083

주 : 지역별 1인당 GDP는

지역별 GDP/인구수($\frac{1}{P} \cdot \sum_{i=1}^{n} y_i p_i$)로 계산

자료 : 중국통계연감(中國統計年鑑) 각 년도 자료를 통해 산출

< 그림 2 > 지역별 1인당 GDP 변이계수 추이

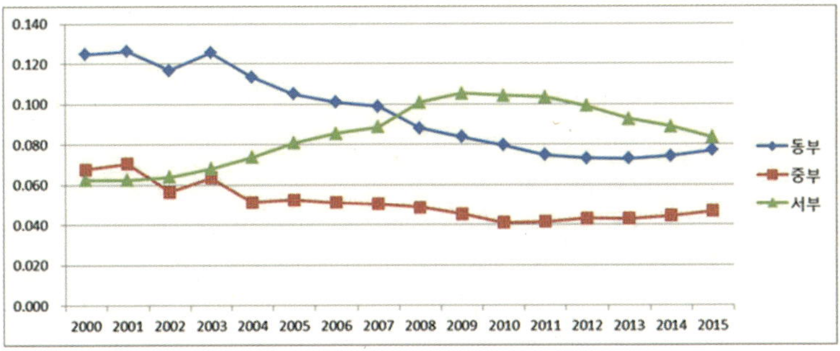

자료 : <표 3>을 토대로 작성

5. 결론

중국의 지역격차는 지역개발정책, 자연·지리적인 환경, 역사 문화적 환경 등 다양한 요인으로 발생하였다. 특히 1978년 개혁개방 이후 중국의 지역격차 현상은 분배와 형평성 등의 문제와 결부되어 사회적 안정과 지속가능한 경제성장을 위협하는 중요한 문제로 인식되고 있다.

중국 정부는 지역격차를 포함한 소득불균형에 대한 우려의 목소리가 높아지면서 조화로운 사회(和諧社會) 건설이라는 목표를 공산당의 최우선 과제로 선정하고 다양한 지역균형정책 및 소득불평등 완화정책을 시행하고 있다.

본 연구는 2000년~2015년까지의 省별 1인당 GDP 자료를 바탕으로 가중변이계수와 지니계수를 이용하여 중국의 지역격차가 어떻게 변해 왔는지 분석하였다.

분석 결과를 간단히 요약하면 다음과 같다.

첫째, 2000년 이후 중국의 1인당 GDP는 지속적으로 성장한 반면 인구 가중치를 고려한 변이계수 추정 결과는 중국의 지역격차는 지속적으로 확대하고 있음을 확인하였다.
이는 중국의 경제성장에 따라 지역간 격차는 오히려 확대되고 있다는 점을 나타내고 있다. 물론 동부지역의 시간의 흐름에 따라 지역격차가 축소되고 있지만 중국 전체적으로 지역 격차가 완화되지 않고 있다.

둘째, 동부, 중부 및 서부 지역으로 구분하여 살펴본 지역내 격차는 서부 지역의 격차가 가장 높은 것으로 나타났다. 서부지역은 2000년에서 2008년까지 지역내 격차가 계속 증가하여 2008년부터 다소 완화되고 있지만 동부 및 중부지역에 비해 가장 높은 지역내 격차를 보이는 것으로 나타났다.

셋째, 동부지역은 타 지역에 비해 가장 높은 1인당 GDP를 기록하며 경제가 성장함에 따라 지역내 격차도 완화되는 양상을 보이고 있고 중부지역은 지역내 상대적 격차가 큰 변화가 없는 것으로 나타났다.

이러한 결과에서 중국은 2000년 이후 서부대개발, 동북3성 노후공업기지 진흥계획, 중부개발 전략 등 일련의 지역균형발전 정책을 추진하였지만 지역 격차가 완화되지 않고 있음을 확인하였다. 이는 사회적 안정과 지속가능한 경제성장을 실현하기 위해 중국 정부의 지속적인 지역격차 해소 노력이 필요하다는 점을 시사하고 있다.

본 연구의 한계점으로 분석기간 16년으로 비교적 짧아 실증분석 결과를 일반화하는 데에는 한계가 있다. 기존 연구 결과가 중국의 지역 격차가 90년대 이후 확대되다가 2000년대 들어 축소되고 있다는 추정하고 있으나 본 연구는 상반된 결과가 도출되었다.

특히 동부 지역의 경우 2012년 이후 다시 지역내 격차가 확대되고 있어 일정 수준의 성장단계 이후 지역내 격차가 축소 또는 확대될 지에 대해 보다 장기적인 연구가 필요한 것으로 생각된다. 이러한 점은 향후 장기간의 시계열 분석 자료가 축척되면 경제성장과 지역 격차 간의 관계가 보다 명확히 분석될 것이다.

또한 본 연구는 지니계수와 변이계수 두 가지 방법으로 이용하여 중국 지역 격차를 분석하였다. 보다 다양한 분석 방법을 활용하여 도출된 결과를 비교하거나 지역격차를 가져오는 요인을 구분하여 지역격차 요인별 분석을 하지 못하였다. 향후 다양한 분석 기법과 요인별 분해 방법을 통해 중국의 경제성장과 지역격차 간의 관계를 실증 분석한다면 보다 더 다양한 정책적 시사점이 도출될 것으로 기대된다.

참고문헌

강승호. (1997). 개혁후 중국의 지역격차에 관한 연구.「중앙대학교 박사학위 논문」, 1997.

강승호. (1997). 개혁후 중국의 성간 지역격차 추세.「동북아연구」, 제2호 : 159-186.

김상욱. (2009). 중국 지역경제발전 격차의 추세, 수렴과 역U자 가설 검증.「국제지역연구」, 제13권 제2호 : 201-225.

박병광. (2002). 개혁기 중국의 지역격차문제; 한족지구와 소수민족지구간 경제편차를 중심으로.「국제정치논총」, 제42권 제1호 : 203-223.

박인성 서운석. (2006). 중국의 신균형발전전략에 관한 고찰.「한국지역개발학회지」, 제18권 제1호 : 109-126.

송문갑 · 김호. (1999). 중국의 이중경제정책과 지역간의 격차.「동신대 논문집」, 제11호 : 1-20.

심승진. (2005). 중국의 省/市간 소득수렴 가설의 검증.「국제지역연구」, 제9권 제2호 : 140-163.

이상화. (1995). 중국의 지역격차 분석.「한국행정학보」, 제29권 제3호 : 713-732.

이종철. (2002). 중국 도시불평등의 추세와 원인분석.「중소연구」, 제26권 제3호 : 67-88.

이종철. (2002). 중국 도시불평등의 추세와 원인분석.「중소연구」, 통권 95호 : 67-84.

이종철·이은복. (2004). 중국 도시부문의 정보통신 격차와 소득불평등.「동북아경제연구」, 제16권 제3호 : 113-137.

정상은. (2010). 중국의 도시화와 경제성장; 역U자 가설 검정.「동북아경제연구」, 제22권 제1호 : 173-191.

정상화·유은화. (2000). 중국의 지역간 소득격차 연구: 1990년대 지역간 소득격차, 정부정책 및 진단.「세계지역연구논총」제15집 : 187-207.

장강지 · 서운석. (2005). 중국의 지역균형발전 정책 진행과정과 효과분석;서부대개발 정책을 중심으로.「한중사회과학연구」, 제4권 제1호 : 23-50.

정환우. (2006). 중국 '신농촌 건설'운동의 내용과 시사점. 무역연구소 Issue Paper(2006. 3. 7).

정홍열. (2009). 중국의 시대별 지역개발정책과 지역간의 소득격차에 대한 연구, 「동북아경제연구」, 제21권 제1호 : 95-125.

허문구 · 안기돈. (2008). 한국의 경제성장과 지역소득격차간 인과관계 분석. 「한국지역개발학회지」, 제20권 제2호 : 233-256.

홍정륜. (2006). 중국경제의 고도발전과 균형발전의 조화 문제. 「중국학연구」, 제36집 : 333-356.

한국수출입은행. (2009). 중국 정부의 서부대개발 추진계획. 수출입은행 해외경제연구소 Issue Paper(2009. 12. 16).

「中國統計年鑒」, 各年版 : 中国統計出版社.

刘树成·张晓晶, (2007). 中国经济持续高增长的特点和地区间经济差异的缩小. 「中国经济增长与经济周期(2007), 北京, 中国经济出版社 : 111-141.

邓翔, (2002). 中国地区差距的分解及其启示. 「四川大学学报」, 2002年 第2期 : 31-36.

王志江·胡日东. (2006). 修正加权变异系数 : 度量收入分配平等程度的有用指标, 「数量经济技术经济研究」, 2006年 第6期 : 134-137.

徐杰, (2004). 我国东, 中, 西部人均收入差异的比较分析. 「统计与信息论坛」, 第19卷 第6期 : 76-78.

谢伏儋, (1994). 中国收入分配的现状与政策分析. 「管理世界」, 2004年 第2期 : 40-51.

Williamson. J. G. (1965). Regional Inequalti and the Process of National Development : A Ddscription of the Patterns. *Ecomomic Development and Cultural Change.* 13(4).

Kuznets, Simon. (1955). Economic Growth and Income Inequality. *American Economic Review*. 45(1).

Rozelle, Scott. (1994). Rural Industrialization and Increasing Inequality. *Journal of Comparative Economics*. 19.

< 부표 1 > 2000년 이후 중국의 지역별 1인당 GDP

(단위 : 위안)

	2000	2001	2002	2003	2004	2005	2006	2007
北 京	22,460	25,523	30,840	32,061	41,099	45,444	50,467	58,204
天 津	17,993	20,154	21,387	26,532	30,575	35,783	41,163	46,122
河 北	7,663	8,362	8,960	10,513	12,487	14,782	16,962	19,877
辽 宁	11,226	12,041	13,000	14,258	15,835	18,983	21,788	25,729
上 海	34,547	37,382	35,329	46,718	46,338	51,474	57,695	66,367
江 苏	11,773	12,922	14,396	16,809	20,223	24,560	28,814	33,928
浙 江	13,461	14,655	16,978	20,147	24,352	27,703	31,874	37,411
福 建	11,601	12,362	12,938	14,979	16,469	18,646	21,471	25,908
山 东	9,555	10,465	11,340	13,661	16,413	20,096	23,794	27,807
广 东	12,885	13,730	15,361	17,213	20,870	24,435	28,332	33,151
海 南	6,894	7,135	7,781	8,316	9,812	10,871	12,654	14,555
山 西	5,137	5,460	7,082	7,435	10,742	12,495	14,123	16,945
吉 林	6,847	7,640	8,714	9,338	11,537	13,348	15,720	19,383
黑龙江	8,562	9,349	9,541	11,615	12,449	14,434	16,195	18,478
安 徽	4,867	5,221	5,736	6,455	7,682	8,675	10,055	12,045
江 西	4,851	5,221	5,829	6,678	8,097	9,440	10,798	12,633
河 南	5,444	5,924	6,487	7,570	9,201	11,346	13,313	16,012
湖 北	7,188	7,813	7,437	9,011	9,898	11,431	13,296	16,206
湖 南	5,639	6,054	6,734	7,554	9,165	10,426	11,950	14,492
内蒙古	5,872	6,463	8,162	8,975	12,767	16,331	20,053	25,393
广 西	4,652	5,058	5,558	6,169	7,461	8,788	10,296	12,555
重 庆	5,616	6,219	7,052	8,091	9,624	10,970	12,457	14,660
四 川	4,784	5,250	5,890	6,418	7,895	9,060	10,546	12,893
贵 州	2,662	2,895	3,257	3,603	4,317	5,052	5,787	6,915

云 南	4,637	4,866	5,366	5,662	7,012	7,835	8,970	10,540
西 藏	4,559	5,307	6,117	6,871	8,103	9,114	10,430	12,109
陕 西	4,549	5,024	6,145	6,480	8,587	9,899	12,138	14,607
甘 肃	3,838	4,163	4,768	5,022	6,566	7,477	8,757	10,346
青 海	5,087	5,735	6,478	7,277	8,693	10,045	11,762	14,257
宁 夏	4,839	5,340	6,647	6,691	9,199	10,239	11,847	14,649
新 疆	7,470	7,913	8,457	9,700	11,337	13,108	15,000	16,999

	2008	2009	2010	2011	2012	2013	2014	2015
北 京	64491	66940	73856	81658	87475	94648	99995	106497
天 津	58656	62574	72994	85213	93173	100105	105231	107960
河 北	22986	24581	28668	33969	36584	38909	39984	40255
辽 宁	31739	35149	42355	50760	56649	61996	65201	65354
上 海	66932	69164	76074	82560	85373	90993	97370	103796
江 苏	40014	44253	52840	62290	68347	75354	81874	87995
浙 江	41405	43842	51711	59249	63374	68805	73002	77644
福 建	29755	33437	40025	47377	52763	58145	63472	67966
山 东	32936	35894	41106	47335	51768	56885	60879	64168
广 东	37638	39436	44736	50807	54095	58833	63469	67503
海 南	17691	19254	23831	28898	32377	35663	38924	40818
山 西	21506	21522	26283	31357	33628	34984	35070	34919
吉 林	23521	26595	31599	38460	43415	47428	50160	51086
黑龙江	21740	22447	27076	32819	35711	37697	39226	39462
安 徽	14448	16408	20888	25659	28792	32001	34425	35997
江 西	15900	17335	21253	26150	28800	31930	34674	36724

河 南	19181	20597	24446	28661	31499	34211	37072	39123
湖 北	19858	22677	27906	34197	38572	42826	47145	50654
湖 南	18147	20428	24719	29880	33480	36943	40271	42754
内蒙古	34869	39735	47347	57974	63886	67836	71046	71101
广 西	14652	16045	20219	25326	27952	30741	33090	35190
重 庆	20490	22920	27596	34500	38914	43223	47850	52321
四 川	15495	17339	21182	26133	29608	32617	35128	36775
贵 州	9855	10971	13119	16413	19710	23151	26437	29847
云 南	12570	13539	15752	19265	22195	25322	27264	28806
西 藏	13824	15295	17319	20077	22936	26326	29252	31999
陕 西	19700	21947	27133	33464	38564	43117	46929	47626
甘 肃	12421	13269	16113	19595	21978	24539	26433	26165
青 海	18421	19454	24115	29522	33181	36875	39671	41252
宁 夏	19609	21777	26860	33043	36394	39613	41834	43805
新 疆	19797	19942	25034	30087	33796	37553	40648	40036

주 : 2004년 이후의 자료는 당해연도의 물가수준(경상가격)으로 계산, 2003년 이전은 현재가격(불변가격)으로 계산

자료 : 각 년도 중국통계연감 자료

"검은 영토"의 레짐 : 中國 東北 공간의 재탄생과 내셔널리티

봉인영 (충북대학교 중어중문학과 교수)

1. 만주 공간의 재편성: 지역성과 내셔널리티

만주 공간의 대지는 어떻게 시각적으로 인식되고 재현되며 가치를 생산하는가? 흙에 색채 이미지와 문화가치를 부여하는 작업은 단순히 지역의 특성을 재현하는 것에 국한되지 않는다. 보다 깊게 보면 지역성(locality)과 내셔널리티(nationality) 구축이라는 작업과 긴밀하게 맞물려 있다. 이 글은 팡정위(逄增玉)의 《黑土地文化與東北作家群》(검은 영토의 문화와 東北 작가군) 저작을 중심으로 지역성이 어떻게 사회역사적으로 구성되며 또 그 과정에서 문화와 문학이 내셔널리티 구축에 어떠한 역할을 하는지를 다룬다.[1] 동북공정(東北邊疆歷史與現狀系列硏究工程, 2002)이 시작되기 이전에 이미 중국 내부에서 학자들이 지역 문학사 쓰기 작업의 일환으로 중국 내셔널리티를 구축했다는 점은 지식 생산의 장에 얽혀있는 지식 배치 지형도의 복잡성, 더 나아가 주체의 위치성(positionality)이 갖는 중요성을 보여주는 사항이다. 보는 주체의 관점에 따라서 얼마든지 달라 보일 수 있는 땅의 색깔이 검은 색으로 단일하게 수렴되어 東北를 상징하고, 또 만주 공간이 중국 東北, 더 나아가 중국의 특징이 되는 과정을 비평적으로 검토하여 이 글은 동북공정(공정 자체는 시기적으로 일단락되었지만 후속 작업이 계속 이어지고 있음)의 해체 작업에 이론적으로 유의미한 시사점을 제공하고자 한다.

『검은 영토의 문화와 東北 작가군』은 20세기 중국 문학과 지역 문

1) 逄增玉,《黑土地文化與東北作家群》, (長沙: 湖南教育出版社, 1995).

화 시리즈(二十世紀中國文學與區域文化叢書)의 하나로 중국 정부 교육위원회의 지원을 받은 저서이다.[2] 여기서 "검은 영토"는 중국의 시각으로는 동베이, 한국이나 일본의 시각으로는 만주 공간을 지칭하며, 동베이 대지에 색채 이미지를 더하여 동베이라는 특정 공간을 상징한다. 이 특정 공간은 식민지 과거 경험이 다성적으로 교차하며 이질성이 혼재하는 열린 공간이 아니라, 이 이질성이 東北, 나아가 中國에 통합되어 검은 영토 아래에서 활성화되지 않고 있어야만 한다. 저자는 동베이 문학의 기원과 정신, 그리고 지역 문화의 기원을 추적하여 이들의 근거를 역사 자료에서 찾고, 그것들이 지리적, 생태적 특징에서 연유한다고 보고 있다. 이러한 연구 방법은 인류학적 접근처럼 보이지만 실제로 그 기저에는 중국의 과거 역사와 문화를 다시 써서 문학사, 더 나아가 중국사를 재구성하여 중심을 구축하고자 하는 욕망이 담겨 있다. 그러므로 이 사례는 지식의 생산과 공간의 배치 과정에 가치가 투영되어 특정한 목적을 위해 기능하는 면을 여실히 드러낸다. 통차이 위니차쿨(Thongchai Winichakul)의 표현대로, 국가라는 "지리적 신체"(the geo-body of a nation)와 영토에 기반한 역사적 지속성을 생산하고 합법화하기 위하여 과거 역사와 문화 그리고 사람에 대한 재배치 작업은 필수적인 것으로 보인다.[3] 본고에서는 소수민족의 역사와 문화에 대한 팡의 시각, 특히 한국(조선) 역사에 관한 시각이

2) "二十世紀中國文學與區域文化叢書"의 총서는 모두 8권이 출간되었다. 역사, 문화, 인류학의 관점에서 20세기 중국 문학과 지역 문화의 관계를 살펴보는 총서로 당시 베이징대 교수였던 嚴家炎이 총편집자이다. 이 책에 대한 보다 자세한 논의는 姚丹, 〈"二十世紀中國文學與區域文化叢書"研討會紀要〉, 《中國現代文學研究叢刊》, no. 2, (1996): 301-305 참조.

3) Thongchai Winichakul, *Siam Mapped: A History of the Geo-Body of a Nation* (Honolulu, HI: University of Hawaii Press, 1994), 17.

중국 중심의 역사를 구축하는 데 어떻게 기여하는지 분석한다. '동베이 정신', '동베이 언어'의 구축에 내재한 과거와 현재의 배치, 그리고 중국 역사와 문학의 서술에 있어 조선인을 인식하는 방식에서 드러난 문제점을 살펴본다.

2. 東北 공간과 민족 기원의 문제

먼저 동베이 지역은 중국 문명의 구성 요소로서 중국 문명의 발상지로 인식된다. "동베이는 중국 동이(東夷)와 동북이(東北夷)의 발원지이다."[4] 팡은 다음과 같이 주장한다. 《山海經 · 內海內西經》에 "夷人은 東胡의 동쪽에 살고 있다(夷人在東胡東). 고고학자들의 고증에 의하면, 東胡는 지금의 내몽고에서 遼寧, 西遼河 일대이고 동호의 동쪽은 松花江 유역 및 遼河 유역으로부터 발해만 일대의 광활한 지역을 지칭한다. 중국 고대의 古書에서 夷人을 아홉 종류로 나누었는데, 한나라 때부터 東北의 국경 안에 살았던 夷人을 전적으로 '東北夷'라고 불렀다"고 한다.[5] 한마디로 東北夷의 기원은 고대 부족 동이(東夷)로 거슬러 올라가며, 그들이 현재의 동베이에 정착했다는 것이다. 위에서 직접 인용한 서술에는 고대의 어떠한 문헌에서 이민족 사람을 아홉 종류로 분류하고 동베이의 국경 안에 살았던 사람들을 동베이의 이민족, 즉 東北夷라고 불렀는지 등 자세한 서지 정보가 누락되어 있다. 팡의 이민족 분류에서 이민족, 동이, 東北夷 등 이 세 종류의 민족은 東北夷 범주를 구축하기 위한 전제로 기능한다. 그는 현대 학자 蕭兵의 말을 인용하여, "동방의 이민족은 발해 해변에서 기원하여 東北夷는 전체 東夷의 한 부분으로 문화의 근원에 있어서 東夷 문화 계

4) 逄增玉, ibid., 5, 28.

5) 逄增玉, ibid., 28. 원래 吏의 자형상 의미는 활을 쏘는 사람이지만 그 의미가 변하여 문명화되지 못한 부류의 사람을 지칭한다. 그러나 여기서는 '오랑캐' 단어에 함축된 인종주의적 사고 및 중화중심주의를 고려하여, 그렇게 번역하지 않는다.

통과 같은 종류에 속한다"고 주장한다.[6] 그러나 이러한 주장은 논리의 추론 방식을 떠나서, 東北夷가 동북 지방의 국경 안에 살던 사람이라는 것을 지칭한다는 문헌 정보가 제시되어야 하므로, 사실 논지 자체가 성립될 수 없는 언어도단이라고 볼 수 있다.

팡에게 있어서 민족의 기원은 열려 있는 기표로서 진실에 대한 주장을 다성적으로 수용할 수 있는 담지체로 기능하지 않고, 국가 내셔널리티와 동일시된다. 동이족이 무리를 지어 특정한 시기에 살았던 집단 자체로 존재하는 것이 아니라, 여기에 내셔널리티가 부여되는 것이다. 이 논리를 따르면 동이는 동쪽의 이민족이 아니라 중국 민족의 일부로 편입된다. 동이는 중국의 동이인 것이다.[7] 예로부터 동이는 이민족이자 타자로서, 즉 화려한 무늬를 입는 중화민족과 구별되는 존재로서 중국 역사의 주체로 자리 잡지 못하고 배제되어 왔다. 그러나 동이가 중국의 동이가 되는 순간 중국 문명의 주체가 되며 주요 구성원으로 자리 잡게 되는 것이다. 저자는 동이가 중국의 동이임을 여러 번 강조하고 있다.[8] 문자적으로 동베이와 직접 관련된 동이의 존재에 주목함으로써, 동이와 동베이 지역 간의 불가분하고도 강력한 연결 고리가 생성되는 셈이다. 팡에게 있어서 고조선과 고조선을 계승한 고구려는 중국 소수민족 중의 한 민족이다. 여기서 그는 중국에서 온 기자(箕子)가 (고)조선을 세웠다는 '기자 조선설'에 입각하여 기자가 고조선을 통치했다는 역사를 따르고 있다. 商나라 왕족 기자가 동쪽으로 건너가 고조선의 왕이 되었고, 西漢시대에 들어서 고조선(즉 기자 조선)족이 서서히 약해져 漢族 및 고구려에 합쳐진 결

6) 逢增玉, ibid., 28.

7) 逢增玉, ibid., 28-29.

8) 逢增玉, ibid., 6-7, 28, 48.

과 고조선은 역사적으로 명사가 된 것이다.[9] 이렇게 기자 조선이 한족 및 고구려에 흡수되었다는 주장은 다시 현재 한족 중심의 중국과 혈통 및 영토상의 관계를 성립하게 하는 근거가 된다. 나아가 고구려가 중국 역사에 흡수되어 이어지는 면을 강조하여 중국의 조선에 대한 통제와 지배의 연속성을 보여주려 하고 있다. 그 외에도 몇몇 큰 부족들이 있어, 이 같은 과거 역사 재구축 문제에 발해도 예외는 아니었다.[10] 여러 종족은 종족, 부족, 민족으로 분화되었고, 청나라에 와서 조선은 [동베이 지역에서] 민족을 형성하게 되었다.[11]

현재의 중국 영토에 위치한 고대사를 서술함에 있어서 팡은 단순하게 중국판(version) 역사를 그대로 따라서 고조선과 고구려를 포함하는 중국의 공식적 역사를 구성하고 있다. 그러나 한국의 역사 서술에 있어서 기자 조선설은 자명한 개념이 아니며, 고조선의 시조는 단군으로 인식된다. 여기에서는 기자 조선의 진위 여부나 단군 존재의 유무를 논한다기보다, 과거사를 둘러싸고 벌어지는 진실 게임이 내셔널리티 구축을 위해서 진행된다는 점을 지적하고자 한다. 중국의 입장에서 볼 때 기자의 존재를 긍정해야 고조선과 고구려를 포함하는 과거의 한국 역사가 중국사에 포함될 수 있다. 조선의 역사는 중국 역사라는 그랜드 내러티브(grand narrative)에서 소수민족의 역사로서 성립하고, 고조선과 고구려는 중국 정부의 지방 정부가 되는 것이다.

---

9) 逄增玉, ibid., 11.

10) 주지하듯, 한국사에서 발해의 경우 통일 신라를 따르지 않았던 고구려 유민들이 세운 나라로, 고구려의 연장선상에서 한국사의 일부로 인식된다. 여기서는 한국 혹은 중국의 역사 서술의 진위를 규명한다기보다, 저자의 논리가 구축 및 전개되는 방식을 검토하여 역사 서술의 문제와 내셔널리티 구축 관계를 다루는 데 그 목적이 있다.

11) 逄增玉, ibid., 21.

기자 조선설에 치중함과 동시에 팡은 민족의 범주를 만들어 명명함으로써 한국/조선 역사가 중국 역사와 지속적으로 연결되어 있음을 정당화한다. 따라서 고조선과 고구려는 민족이고, 조선 역시 민족이 되는 것이다. 조선에서 이민 온 사람들이 현재 중국에 거주하는 조선족이 된다. 조선족의 존재에 대한 역사적 근거를 제공하기 위하여 고대 왕국은 민족이라는 개념으로 재탄생한다. 이러한 주장은 개념 및 범주로서의 민족이 어떻게 현대적인 국민국가의 탄생 이전에 성립되어 있는가를 보여주는 단적인 사례이다. 저자는 비록 종족, 부족, 민족의 단계를 거치면서 민족이 형성되는 과정을 추적하고 있지만, 역사 왕국 혹은 왕조의 연속성을 자명하게 받아들여 현재 중국 영토 안에 살고 있는 조선족 존재의 입증을 위한 역사문화적 근거로 삼은 것이다. 그러나 고대에 살았던 사람들이 현대적 의미에서의 민족의식을 과연 가지고 있었는지의 여부는 매우 불투명하다고 볼 수 밖에 없다.[12] 조선은 왕조의 이름이지만 민족의 이름이 되어 새로운 내셔널리티를 구성한다. 역사적으로 한민족의 기원과 한민족이 민족의식을 갖게 된 시점에 대하여 의견이 분분할 뿐더러, 한국인 스스로는 한민족이라 칭하고 있지만 북한의 경우에는 조선과의 연결점이 강조되고 있다. 이러한 사실은 민족 개념의 생산 자체가 과거 역사를 스스로 취사선택하여 양국 레짐(regime)에 보다 타당한 정통성을 부여할 수 있는 방식으로 진행됨을 보여준다. 이러한 정통성을 통하여 레짐은 권위, 더 나아가 헤게모니를 장악할 수 있게 된다.

---

12) 베네딕트 앤더슨의 민족 개념, 즉 상상의 공동체의 관점에서 보았을 때, 고조선과 고구려의 연속성 및 그 내포가 현재적 의미에서의 국민국가 개념인지는 재고할 필요가 있다. Benedict Anderson, *Imagined Communities: Reflections on the Origin and Spread of Nationalism* (London: Verso, 1993).

프래신지트 두아라(Prasenjit Duara) 역시 한국 민족주의자들이 20세기 초에 고대 왕국과 만주를 한국 역사의 기원이며 역사의 무대라고 기술한 점에 주목하였다. 왜냐하면 만주지역은 단군, 즉 한국의 시조, 조상이 탄생한 곳이기 때문이다. 두아라는 "근래에 중국 대륙의 공식적인 인류학에서는 과거 만주에서 고구려 왕국과 한국 간의 민족적 연결점을 부정했던 관점으로부터 벗어나, 고구려 유산에 대한 이해를 수정하여 중국이 만주와 고구려 왕국의 영토에 권리가 있음을 확인하고, 한국인이 그 문화유산이 물리적으로 남아있는 유적에 대하여 접근하는 것을 제한하고 있음"을 지적했다.[13] 그러나 두아라의 연구는 중국과 한국 사이에 논쟁이 되었던 국경의 경계 문제를 생략하고 있다. 이는 한국의 입장에서 만주에 대한 영토 주권과 권리를 주장할 수 있는 또 다른 근거가 된다.[14]

13) Prasenjit Duara, *Sovereignty and Authenticity: Manchukuo and the East Asian Modern* (Lanham, MD: Roman & Littlefield Publishers, INC, 2003), 173.

14) Hyun Ok Park의 논문은 한중 국경 분쟁의 문제를 다루고 있다. Hyun Ok Park, "Korean Manchuria: The Racial Politics of Territorial Osmosis," *South Atlantic Quarterly* 99, no. 1 (2000): 193-215.

3. 東北 지역성과 문학사 다시 쓰기

팡에 따르면, 동베이의 특징으로 아폴로 정신과 새를 숭배하는 토템을 들 수 있다. 그는 고조선, 고구려, 만주 모두 새를 자신들의 조상으로 간주한다고 보았다.[15] 팡의 이러한 주장은 역사 자료나 근거 없이 서술되어 자세한 서지 정보가 누락되었으므로, 학술적으로 설득력이 떨어진다. 또한 한국의 역사서에서 단군의 탄생 신화에 등장하는 곰의 존재와도 거리가 있으며, 팡이 제시한 건국 시조로서의 새에 대한 숭배는 실제와 부합하지 않는 면이 있다. 여기서 문제가 되는 것은 건국사를 서술하는 과정에서 필연적으로 내셔널리티 구축이 동반된다는 점이다. 중국과 한국의 역사서 모두 특정한 동물과 인물의 시조를 만들어내야 하며, 이러한 역사 서술 과정에서 그들에게 특징을 부각하여 특별한 가치를 부여한다. 신화 혹은 역사적 실존 인물인지의 여부와 그 이야기들이 역사적으로 진실인가와는 관계없이 그들의 의미와 가치는 계속해서 해석되고, 특정한 목적을 위해서 어느 한 부분이 강조되는 방식으로 진행된다. 이러한 과정을 통하여 건국 서사는 그것의 특징 자체로 인식되는 것이 아니라 궁극적으로 중국적인 것/한국적인 것과 같은 내셔널리티를 구축하는 과정으로 통합된다.

새에 대한 토템은 그 지역의 특징을 나타내는 서술에 그치지 않고, 지역의 특징으로 부각되어 작가들에게 영향을 미치는 문화적 요소로

15) 逄增玉, ibid., 48.

작용한다. 팡은 이 지역 출신 작가들이 새가 가진 특징—예를 들어 이동하는 특징—에 영향을 받아 작가들의 정신 상태와 심리 상태를 구현한다고 보았다. 작가들은 지역의 전통 속에서 방황하면서 자유를 추구하는 성향이 강하다. 이러한 특징이 잘 드러나는 작가는 샤오쥔(蕭軍, 1907-1988), 샤오훙(蕭紅, 1911-1942), 두안무 훙량(端木蕻良, 1912-1996) 등이다.[16] 이들의 개인적인 특징은 토템의 문화적 전통 및 가치와 관련이 있다. 인간의 활동이 대체로 물리적, 생태환경적 조건에 의해 영향을 받고 제한되는 점을 고려할 때, 이러한 추론은 가능하다고 볼 수 있다. 그러나 또한 작가는 어떠한 물리적 제약마저도 초월할 수 있는 자유의지와 상상력을 가진 존재이기도 하므로 이 해석은 단면적이라고 볼 수 있다. 인생의 방향에 대한 선택과 작가의 개인적 성향은 시대적 역사 환경에 의해 조건화될 수도 있지만, 그것이 지역적 특징과 내셔널리티를 구축하는 도구로 전락한 것이다. 작가의 개성은 지역을 대표하여 지역성이라는 보다 큰 자아 속에 포함되고, 이 지역성은 궁극적으로 중국의 국가 특징을 구성한다. 이 과정에서 지역성은 중국의 민족성과 중국의 국민 문학을 형성하는 데 기초가 된다. 그러나 다른 지역 출신 작가들도 모두 이동을 하고, 이주성 자체가 현대사회의 보편적이고 광범위한 특징이며, 또 이주의 경로가 중국에만 국한되지 않고 식민지 시기의 전쟁과 내전으로 인해 해외까지 닿는 면을 고려할 때, 작가들이 방황하고 이주하는 것 자체가 동베이만의 전유물이 될 수 있는지는 불투명하다고 볼 수 있다. 작가들이 과연 이러한 고대 신화와 문화를 실제로 알고 있으면서 그것들을 수용했는지의 여부도 의심이 가는 대목이다. 이렇기 때문에 팡의 문

16) 逄增玉, ibid., 28-67.

학사 서술은 어떻게 지식이 지역성을 부각하여 내셔널리티를 구축하는 도구로 활용되는지를 잘 드러내주는 단적인 예가 된다.

토템과 아폴로 정신에서 비롯되었다고 주장하는 동베이의 특징을 제시하고 문화적 유산으로 배치하여 의미와 가치를 부여하는 작업의 일환으로, 저자는 더 나아가 동베이 정신의 개념을 제안한다. 동베이 정신은 다음과 같이 요약된다. 농민이 계급의식, 계급투쟁, 저항을 보여주는 것을 묘사한 것으로, 그들의 계급투쟁은 태고적 상태를 구현하고 있다. 여기서 태고적 상태란 삶에 대한 강한 욕구, 맹렬한 마음의 뒤흔들림, 그리고 반항하는 정신이다. 이 모든 정신적 특징은 동베이 정신이 분출되어 나타난 형태로 볼 수 있다.[17] 예를 들어, 샤오훙의 《呼蘭河傳》에서 자연은 정복되거나 도전하는 대상으로 삶의 방식을 실천하는 활동과 연관된다. 이 소설은 삶에 대하여 강한 의식이 있으며 인생의 힘에 굴하지 않는 용감함을 표현하고 있다.[18] 기마민족으로서 동베이 정신은 또한 고분고분하지 않으며 야생적으로 거침을 포함하고, 이러한 특징은 동베이 호랑이의 기질과도 잘 맞는 부분이다.[19] 아울러 산적과 영웅의 정신은 주변화된 동베이 문학이 당대 중국 문학을 수호하는 역할을 하게 하는 근거로 작용하며, 이는 동베이 문학으로 중심 의식이 강한 관내(關內, 즉 山海關 남쪽 지칭) 문학을 공격할 수 있기 때문이다.[20]

동베이 공간을 "검은 영토"라고 명명한 저자는 소설의 특정한 면모 및 그에 대한 묘사를 선별하여 이를 동베이 정신으로 범주화하고

---

17) 逄增玉, ibid., 93-94.

18) 逄增玉, ibid., 90.

19) 逄增玉, ibid., 100-102.

20) 逄增玉, ibid., 148.

고대의 출처를 활용하면서까지 지역성을 제시하고 있는 것인가? 위에서 언급한 것처럼, 팡은 중국문학사 안에 동베이 문학을 지역의 문학으로 위치시키고 인정함으로써 베이징 중심, 중원(中原) 중심의 중국 문학을 극복하는 하나의 방안으로 제시하였다. 그 결과 동베이 문학의 정통성을 확보하는 계기를 마련한 것이다. 그러나 팡의 문학사 쓰기 작업은 중심을 극복한다는 구실 아래 또 다른 중심을 구축하기를 반복하고 있는 셈이다. 내용적으로 보면 동베이 정신의 생산은 문학 작품을 평가하고 그것의 가치를 인식하는 학술적 연구 작업인 것처럼 보일 수도 있다. 그러나 심층적으로 보면, 이 작업은 공간에 문화적 가치를 부여하여 공간을 재배치하고 지식의 생산을 통하여 내셔널리티와 민족적 정체성을 구축하는 작업과 직접적으로 연관된다. 저자는 대부분 산동 지역에서 이주해 온 동베이 사람들은 실패자이고 수색도 당했다는 점을 언급했다. 그렇기 때문에 그들은 개척정신을 가지고 있으며, 이러한 점은 객가(客家) 중국인이나 해외 화교들과 같이 중국 민족의 위대함을 드러내주는 것이다. 동베이 사람들은 서로 상충하는 특질도 가지고 있다. 예를 들어, 현대적이면서도 보수적이고, 선진적이면서도 낙후된 면이 있다. 그렇지만 대체적으로 그들은 문화를 강하게 의식하고 저항의식도 가지고 있으며, 이 점은 그들의 문학 작품에서 더 구체적으로 반영되었고, 당대 중국 작가들에게 잘 계승되었다.[21] 그 결과 동베이 정신과 문화유산은 중국의 내셔널리티를 형성하는 데 기여하고 지금까지도 그것이 지속되고 있음을 보여준다. 이러한 과정에서 지역을 대표하여 중원과는 대비되지만, 중국문학이라는 보다 거대하고 단일화된 중국문학사가 탄생하

21) 逄增玉, ibid., 237-241.

게 된다. 이 문학사 쓰기 작업은 공간성과 지역성의 대조와 재배치를 통하여 지속되며 동베이라는 지역성, 정신성, 문화의 범주로 중국의 정신성을 보충적으로 채우게 된다.

손중티엔(孫中田)의 《鐐銬下的繆斯: 東北淪陷區文學史綱》(식민지 통치하의 뮤즈: 동베이 식민지 문학사)에서도 식민지 시기 동베이 문학은 고난의 문학이자, 중국 현대문학이라는 큰 시스템 속의 서브시스템으로 인식된다. 여기서는 모자 관계의 비유로, 중국 현대문학이 모체이고 동베이 문학이 아래에 있으면서 이 양자의 관계를 나눌 수 없다는 점은 의심할 여지가 없다고 본다.[22] 저자는 1979년부터 1983년에 중국 遼西 지역의 東山咀村에서 원시사회 말기의 돌로 만든 대형 제단 유적과 牛河梁村(遼寧省, 凌源市, 紅山 거리에 있음)의 여신의 묘지 및 큰 무덤을 발굴함으로써, 5000년 된 중화 문명을 천 년 정도 앞당겼다는 견해에 동의했다. 또한 중국 문명론이 다원화되는 과정에서 동베이 문화의 시작점을 찾았다고 보았다. 비록 산해관이 건설되었지만(여기서는 지리적 개념이라기보다는 중원 중심의 중국 문명론을 의미), "중국 관동(동베이)의 문화 문학의 흐름은 상고시대부터 황하를 위주로 한 중원 문화와 보조를 같이하면서 발전하고 있다."[23] 팡의 저서보다 4년 뒤에 출간된 이 저서는 고고학적 근거를 들면서 동베이 문화와 중원 문화의 연결점 및 연속성을 강조하여, 기존의 중국 문명사의 역사를 더 연장할 뿐만 아니라, 나아가 동베이의 문명이 중원보다 더 오래되었음을 강조하고 있다. 고고학적으로 문명에 있어서는 중원보다 더 긴 역사를 보유하고 있지만, 오히려 중국 현대문학 분야에

22) 孫中田 외 저, 《鐐銬下的繆斯: 東北淪陷區文學史綱》, (長春: 吉林大學出版社, 1999), 4.

23) 孫中田 외 저, ibid., 8.

있어서는 그것에 종속되는 위치로 스스로를 배치하고 있다. 다시 말해, 고대 문명의 경우 중원 문명의 유구함과 우월성을 뒷받침해주면서 관동 문명과의 동보성이 강조된 반면에, 지역 문학으로서의 동베이 문학은 중국 현대문학이라는 모체 시스템의 서브시스템으로서 자리매김되는 것이다. 그러나 이러한 시기 및 문학이라는 한정된 관계에 따른 주종관계는 문명이라는 보다 큰 개념의 동보적 관계에 포함되어, 궁극적으로 중화 문명을 구성하게 된다.

동베이 정신과 함께, 지역 언어 즉 방언은 지역 문화의 중요한 구성 요소이다. 팡은 동베이 언어의 특징으로 크게 세 가지를 열거하고 있다. 동베이 언어는 기본적으로 다양한 지역 언어 및 외국어로 구성되어 있으면서, 생생한 지역 언어도 풍부하다. 그러나 상대적으로 글을 쓰는 문어는 충분히 발달하지 않았다. 동베이 언어는 성조에 있어서 길고, 강하며, 약간 조야하기도 하다.[24] 지역화, 고착화, 그리고 정통성을 부여함으로써 지역 언어의 특징은 중국의 동베이 언어 범주가 된다.[25] 따라서 지역 언어, 외국어 둘 다 궁극적으로 중국어의 한 갈래인 동베이 언어로 포함된다. 동베이 정신처럼 국가 언어는 중국의 내셔널리티를 표상한다. 이 논리는 앞에서 동이 민족이 고대의 동이 민족 자체로 존재하는 것이 아니라, 중국의 동이 민족이 되는 것과 유사하다. 언어, 민족, 그리고 그 의미화의 견지에서 볼 때 중국에서 공식 국가 언어의 형성 과정에 있어 특정 지역 언어는 어떻게 위치해야 하는가의 문제가 제기된다. 동베이 언어는 외국어와 지역 언어(방언)로 구성되어 이질적인 요소가 상당히 많지만 그것은 동베이 언어 자체의 특징으로서 독립적으로 존재하는 것이고, 동베이 언어라

24) 逄增玉, ibid., 217-221.

25) 逄增玉, ibid., 216.

는 새로운 범주에 통합되고 흡수되어야 하기 때문에, 각각의 독립 언어로서는 존재 의미를 잃게 된다. 저자의 지역 언어에 대한 논의는 지역 언어가 국가 언어를 건설하는 데 어떻게 활용되는지 보여주는 예이다. 전체적으로 보았을 때, 공식 표준어와 지역 언어(방언)의 관계, 또한 외국어와의 관계는 보다 깊은 분석을 요하고, 이 각각의 요소가 내러티브의 전개와 주제화에 어떠한 역할을 하는지에 대하여 살펴볼 필요가 있다. 특히 언어가 어떻게 활용됨으로써 중국인이 아닌 타자의 재현에 언어가 활용되는 방식과 식민지 사회 구성이 전개되는 방식에 대한 논의가 필요하다.

만주 지역에는 여러 문화가 섞여서 공존하고 있기 때문에 저자는 러시아인, 일본인, 조선인과 같은 외국인의 재현 문제 중에서도 특히 이들이 어떻게 중국 문화를 수용했는지를 다루고 있다. 문학에서 외국인 재현의 문제는 작가가 이들을 어떻게 묘사했는지에 따라서 결정된다. 그러나 저자는 이 주제에 대하여 자신의 입장을 취하여 해석하는 듯한 태도를 보여준다. 지역 문학사의 서술과 민족/국가 문학사와의 관계를 고려하여 기술한 듯하다. 사회 구성 과정의 복잡성과 인종의 개념 및 인종의 의미가 생산되는 과정이 그 시대의 역사에 의해 결정되는 면이 드러나 있지 않다. 팡은 외국인 재현 문제에 대한 분석에서 조선인의 경우에는 우호적으로 기술하고 있다. 두 민족 간의 인종적, 문화적 갈등을 기술하면서, “두 민족 간의 문화적 갈등은 심층적으로 보았을 때 중국인과 일본인의 갈등을 반영한다”고 보았다.[26] 이 양자 간의 갈등은 실제로 조선인과 일본인의 갈등인 것이다. 이 점은 두아라도 비슷하게 서술하고 있다. 두아라에 의하면, 1928

26) 逄增玉, ibid., 175.

년 장쉐량(張學良, 1901-2001)의 역치(易幟) 사건에서 장쉐량이 국민당에 동북군(東北軍)의 충성을 맹세한다고 선언하였지만, 이는 단지 정치적인 충성으로 일본이 군벌을 무너뜨리는 계기가 되었다. 이 과정에서 일본은 두 가지 사건으로 인하여 만주에서 일본이 정치적으로 주도 세력이 되어야 한다고 생각했고, 이 두 사건 모두 당시 증가하고 있던 중국인의 민족주의를 대표적으로 보여준다. 하나는 장쉐량이 남만주철도(南滿洲鐵道)를 계속해서 건설한 것이고, 또 다른 하나는 한국인의 토지 소유에 관한 것이었다. "많은 중국인들이 일본인들에게 땅을 빌려주지 않았는데, 왜냐하면 일본인들이 중국 국적을 가진 조선인들을 이 목적으로 이용했기 때문이다. 중국의 대규모 일본인 농장(원래는 조선인들에게 빌려준 땅임)에서 일을 하는 조선인들은 중국 농부들과 경쟁을 했고, 이 경쟁은 사실 중국과 일본 간 경쟁의 표현으로 종종 폭력 사태가 발생하기도 했다."[27]

팡과 두아라 모두 중국과 조선인 간의 갈등과 긴장 관계는 결국 중국과 일본의 관계에서 비롯되었다는 데 동의한다. 특히 팡의 경우 중국인과 조선인의 갈등이 일본에 의해 매개된 것이라고 강조하고, 이 양자 간의 인종적, 문화적 갈등 관계를 전혀 다루지 않고 있으므로, 그 연유에 대하여 분석을 요한다. 여기에는 저자가 당시 만주로 이민 간 조선인들을 현재의 중국 조선족과 연결하여 인식함으로써 두 민족 간의 연속성을 구성하는 논리가 내재하고 있다. 조선인들이 만주로 이민을 가서 결국 중국 조선족의 기원이 되고, 그들이 아직도 중국 영토에 살고 있으므로 그들 역시 일제 식민지 피해자이며 보호되어야 할 소수민족인 것이다. 중국인과 조선인의 직접적 갈등이 부

27) Duara, *Sovereignty and Authenticity*, 51.

재했다는 논리의 기저에는 조선인을 조선족의 기원으로 위치시켜 중국 민족의 일원이 되게 함으로써, 일본은 가해자이고 중국은 피해자라는 정통적 그랜드 내러티브(grand narrative)를 구축하는 근거가 배태되어 있는 것이다. 이 논리에 따르면 당시 만주의 조선인들은 자신들의 행위 주체성(agency)을 결여한 채 식민화된 존재로 일본에 의해 매개되어 중국인들과 사회적 관계를 맺었기 때문에 역사의 주체로서 인식되지 않고 있다. 조선인과 조선족과의 연결 고리를 강조하는 시각은 중국 역사 서술의 주류 시각인 피해자 담론을 더 공고하게 하는 기능을 한다. 조선인과 조선족이 일본 또는 중국인에 의해 매개된 존재로만 인식되어야 하는 보다 중요한 이유는 그들의 주체적인 시각이나 목소리가 부재하여야 중국의 내셔널리티 구축이 가능해지기 때문이다. 그리고 이를 위해 그들은 유연한 존재로 남아서 항상 자의적으로 배치되는 종속적 관계로 위치 지어져야 하는 것이다.

4. 결어: 지역성의 탈중심화

총괄하여, 이 저서는 동베이 정신으로 대표되는 중국 중심의 문학사를 편찬하기 위하여 쓰였으며, 이 정신은 생태적 조건 및 동베이 민족·문화·정신을 기반으로 구축되었다. 동베이 정신은 새로운 지역 문학의 범주를 정당화하면서 기존 국민국가 문학에서 빈 요소를 보충하여 보다 완정한 중국 내셔널리티를 구축하게 된다. 다양한 형태의 지역 및 외국의 문화 요소는 동베이의 지역성으로 통일되고, 이것은 국가 문학의 구성 요소로 기능할 때에만 의미화되어 중요성을 가지게 된다. 저자가 지역의 문학사를 쓰려는 시도는 공간성과 지역성을 재배치하고 문화적 가치를 부여하여 중국 문학사를 수립 및 확장하려는 또 다른 표현이다. 이러한 견지에서 볼 때, 균질화된 지역 문화를 세우는 기획이 국민 문학을 형성하는 과정에서 하는 역할 및 그에 반하는 대항 담론을 추적하는 작업은 매우 중요하다. 공간의 인식 및 배치 방법, 사회적 생산을 하는 과정, 그리고 타자성이 재현된 인종의 이미지와 민족 정체성을 문화적으로 실습하는 방식에 대한 탐구 역시 필요하다. 이러한 사회 구조 속에서 주체는 피동적으로 통제당하면서 분류되어 범주화되지만, 또 동시에 사회 및 국가의 주류적인 생산 방식 및 삶을 방식을 거부하는 사회적 대안을 지속적으로 탐색하기 때문이다.

참고문헌

岡田英樹, 靳叢林 譯,《僞滿洲國文學》, 長春: 吉林大學出版社, 2001.

逄增玉,《黑土地文化與東北作家群》, 長沙: 湖南教育出版社, 1995.

孫中田 외 저,《鐐銬下的繆斯: 東北淪陷區文學史綱》, 長春: 吉林大學出版社, 1999.

姚丹,〈"二十世紀中國文學與區域文化叢書"硏討會紀要〉,《中國現代文學硏究叢刊》, no. 2, (1996): 301-305.

Anderson, Benedict. *Imagined Communities: Reflections on the Origin and Spread of Nationalism*. London: Verso, 1993.

Duara, Prasenjit. *Sovereignty and Authenticity: Manchukuo and the East Asian Modern.* Lanham, MD: Roman & Littlefield Publishers, INC, 2003.

Park, Hyun Ok. "Korean Manchuria: The Racial Politics of Territorial Osmosis." *South Atlantic Quarterly* 99, no. 1 (2000): 193-215.

Winichakul, Thongchai. *Siam Mapped: A History of the Geo-Body of a Nation.* Honolulu, HI: University of Hawaii Press, 1994.

중국 - 홍콩의 경계성 : 홍콩 반환 20주년과 홍콩의 언어 · 교육 정책

박현준 (충북대학교 강사)

1. 들어가며

한때 온라인 설문조사에서 한국인이 가장 좋아하는 해외 여행지로도 선정된 바 있는 홍콩은 우리에게 쇼핑의 천국, 화려한 야경을 자랑하는 도시의 이미지로 잘 알려져 있다. 2004년 초 첫선을 보인 초대형 야경 레이저쇼 '심포니 오브 라이트(Symphony of Lights)'를 제대로 관람할 수 있는 침사추이 해변 산책로 스타의 거리는 이제 홍콩 여행에서 빼놓을 수 없는 랜드마크로 자리잡은 지 오래이다. 이곳에서는 매일 밤 8시 빅토리아 항구를 중심으로 홍콩 섬과 카오룽 반도 양쪽 하버사이드(Harbourside)에 있는 중국은행, HSBC, IFC 등 40여 개의 고층 빌딩에 설치된 서치라이트가 경쾌한 음악과 나레이션에 맞춰 형형색색의 LED 조명으로 화려한 도시 스카이라인을 수놓으며 역동적인 홍콩의 낭만을 물씬 느낄 수 있게 해 준다. 10여 분 동안 계속되는 이 도시 속 빛의 향연은 세계 최대의 해안 조명 음향 쇼로 기네스북에도 기록될 정도로 세계적인 규모를 자랑하는 레이저 쇼이다.

바로 이 지상 최대의 빛의 쇼가 열리는 침사추이 최남단에서 카오룽 반도의 북쪽으로 몽콕을 거쳐 프린스 에드워드역까지 카오룽 중심을 남북으로 가로지르는 3.8km의 메인 도로이자 카오룽 최대의 번화가인 네이던 로드가 있다. 이곳은 마치 서울의 명동과 같이 쇼핑몰, 호텔, 주얼리점, 다국적 레스토랑, 술집, 패스트 푸드점 등 다양한 볼거리로 세계 각지에서 몰려든 많은 여행객과 쉼 없이 지나는 차들로 하루 종일 분주하다. 스타의 거리에서 그리 멀지 않은 네이던 로드 한켠에는 청킹맨션(重慶大廈, Chungking Mansions)이 자리 잡고 있다.

1961년에 완공된 이 건물은 원래 홍콩의 유명 배우들이나 부유한 사람들이 많이 살던 당대 최고의 주상복합 건물이었지만 지금은 홍콩에서 가장 값싼 게스트하우스와 인도, 파키스탄, 중동, 아프리카계 외국인들을 상대로 하는 음식점과 소규모 점포들만이 성업중이다.

사실 우리에겐 청킹맨션이 왕가위 감독의 영화 '중경삼림(重慶森林 : Chungking Express, 1994)'의 배경이 되었던 곳으로 더 잘 알려져 있는데 , 실제로 영화의 첫 번째 에피소드에 나오는 경찰 233의 금성무와 마약밀매상의 임청하는 음침한 청킹맨션과 침사추이의 뒷골목을 주된 배경으로 등장하고 감독은 이것을 제목에도 적절하게 배치하고 있다. 영화의 제목인 '중경(重慶, chong2qing4)'을 홍콩 사람들이 사용하는 광동어(廣東話, Cantonese)로 발음하면 바로 '청킹(重慶, cung4hing3)'이 된다.[1] "청킹맨션은 서로 다른 문화들이 서로 교차되고 5,000명 이상의 관광객이 거쳐 지나가는 특별한 역동성을 가진 홍콩의 은유"[2]라고 어느 한 인터뷰에서 감독이 직접 밝히고 있듯이, 청킹맨션이라는 공간은 다양한 이질적인 문화들이 위태롭지만 서로가 서로에게 의존하듯 공존하며 살아가는 매우 독특한 공간으로서의 홍콩을 상징적으로 나타낸다고 볼 수 있다.

홍콩은 크게 홍콩섬(香港島, Hong Kong Island), 카오룽(九龍, Kowloon), 산까이(新界, New Territories)의 세 지역으로 구성되어 있다. 이들 세 지역의 총면적은 대략 1,104km2으로 서울 면적(605.21km2)의 1.8배, 제주

---

1) 重慶을 중국어 표준음으로 발음하면 chong2qing4이 되는데 이는 1958년 중국 인민공화국에서 제정한 한어병음방안(漢語併音方案)으로 표기한 것이고 광동어의 cung4hing3은 1993년 홍콩언어학회(香港語言學學會, Linguistic Society of Hong Kong: LSHK)에서 발표한 월어병음방안(粵語併音方案, Jyutping)으로 표기한 것이다.

2) 이송이(2011:175, 재인용)

도 면적(1,848km2)의 0.6배 규모에 해당되는데[3] 우리가 흔히 생각하는 홍콩의 도시 이미지와는 다르게 홍콩 면적의 70% 가량이 녹지로 이루어져 있기 때문에 실거주 면적은 상대적으로 적게 느껴질 뿐이다. 홍콩의 인구는 2016년 현재 약 7백 30만명 정도인데 인구 구성의 면면을 살펴보면 다음과 같다.[4]

<표 1> 민족 구성으로 본 홍콩인구

민족	2006		2011		2016	
	인구수	퍼센트	인구수	퍼센트	인구수	퍼센트
중국	6,522,148	95.0	6,620,393	93.6	6,752,202	92.0
필리핀	112,453	1.6	133,018	1.9	184,081	2.5
인도네시아	87,840	1.3	133,377	1.9	153,299	2.1
백인	36,384	0.5	55,236	0.8	58,209	0.8
인도	20,444	0.3	28,616	0.4	36,462	0.5
네팔	15,950	0.2	16,518	0.2	25,472	0.3
파키스탄	11,111	0.2	18,042	0.3	18,094	0.2
태국	11,900	0.2	11,213	0.2	10,215	0.1
일본	13,189	0.2	12,580	0.2	9,976	0.1
기타 아시아	12,663	0.2	12,247	0.2	19,589	0.3
기타	20,264	0.3	30,336	0.4	68,986	0.9
총계	6,864,346	100	7,071,576	100	7,336,585	100

3) https://en.wikipedia.org/wiki/Hong_Kong https://en.wikipedia.org/wiki/Seoul https://en.wikipedia.org/wiki/Jeju_Island (위키피디아 자료 참조, 2017. 11. 24. 검색.)

4) http://www.bycensus2016.gov.hk/en/bc-mt.html (홍콩대학 홈페이지 민의 조사 참조, 2017. 11. 24. 검색.)

이와 같이 다양한 문화적·인종적 집단들이 한 사회에 공존하고 있다는 의미에서 홍콩은 그 어느 사회보다도 다문화 사회(multicultural society)적 특성을 지닌다. 물론 한국 사회 역시 요즘은 일상생활에서까지 다문화 사회에 대한 체감을 어느 정도 느낄 수 있지만, 홍콩의 다문화 사회가 직면한 민낯은 우리와는 매우 다른 것 같다.[5] 홍콩에서 아버지는 홍콩인이고 어머니는 대륙인이지만 국적은 영국 국적을 가진 사람들을 쉽게 만날 수 있다. 혹은 영국 여권을 가진 자, 해외영국민 여권을 가진 자, 홍콩특별행정구 여권을 가진 자 그리고 중화인민공화국 여권을 가진 자 등도 어디서든 볼 수 있다. 이들 사이의 의사소통 방식도 다양하다. 영국의 식민지 시절 홍콩은 광동어와 영어를 이중 언어로 사용하다가 1997년 7월 1일 중국으로 주권이 반환된 후에는 일국양제(一國兩制, one country, two systems)라는 새로운 실험적 정치 시스템에서 삼중 언어(광동어, 영어, 보통화)를 사용하게 되는 것이다. 본고에서는 2017년 7월 1일 중국으로 주권이 반환된 지 20주년이 되는 현재의 홍콩의 모습을 이들의 삶과 밀접하게 관련된 '언어'를 매개체로 점검해 보고자 한다.

5) 한국도 최근 결혼 이주여성 등 다양한 부류의 외국인이 유입되고 있으며, 이로 인해서 다인종·다문화사회로 급속히 진입하고 있다는 것이 전문가들의 지배적인 시각이다. 2014년 통계에 의하면, 결혼이민자, 외국인노동자, 외국인 유학생 등 이주민 인구가 약 180만명으로 전체 인구의 약 3.6%를 차지하고 있다. 이러한 추세가 지속된다면 2020년에는 5%, 2050년에는 9.2%로 증가하여 '이민사회'로 분류되는 외국인 10% 시대가 조만간 도래하게 될 전망이다(최무현, 김경희 2015:230).

2. 홍콩의 교육제도

중국 남동해안의 가난한 어촌 마을에 불과했던 홍콩은 중국이 영국과의 아편전쟁(1840-1842)에서 패하자 1842년 난징조약의 체결과 함께 156년 동안 영국의 식민통치를 받게 된다. 이 시기의 홍콩은 영국 사회 시스템의 직접적인 영향을 받았고 물론 교육 제도도 예외는 아니었다. 오랫동안 전통적인 영국식 교육 학제에 따라 초등학교 6년, 중학교 3년, 고등학교 2년, 대학준비과정 2년, 대학 3년 등으로 이루어진 매우 선별적이고 경쟁중심적인 소수 엘리트 중심의 교육이었다. 홍콩으로의 반환 이후 중국 본토의 교육 수요까지도 고려한 전인교육의 일환으로 기존의 영국식 교육제도를 과감히 버리고, 현재 보편적으로 통용되고 있는 북미식 교육제도를 도입하는 대대적인 교육개혁을 감행하게 된다.[6] 전반적인 홍콩의 교육제도를 살펴보면 다음과 같다.

6) 홍콩의 교육개혁위원회(Education Commission)는 '삶을 위한 학습과 삶 속에서의 학습(Learning for Life, Learning through Life)'이라는 슬로건 아래 교육 방향을 엘리트 교육에서 전인교육으로의 전환을 시도하고 있다(이수정 외 2013:16).

<표 2> 홍콩 교육제도 개정내용[7]

<table>
<tr><th></th><th>의무
교육</th><th>무상
교육</th><th>교육
제도</th><th>중고등학교</th><th>졸업
시험</th><th></th></tr>
<tr><td rowspan="3">1971년</td><td rowspan="3">6년</td><td rowspan="3">6년</td><td rowspan="6">6-3-2-2-3
(초등 6년)
(중등 5년)
(고등 2년)
(대학 3년)</td><td rowspan="4">5등급제
중학교시험
(~2000)</td><td rowspan="3">HKCEE
(3-2)</td><td>중등5년 이수</td></tr>
<tr><td>직업훈련원, 전문대 준비반 진학</td></tr>
<tr><td>전문대 진학 가능</td></tr>
<tr><td>1978년</td><td rowspan="5">9년</td><td rowspan="2">9년</td><td rowspan="3">HKALE
(3-2-2)</td><td rowspan="2">중등 7년 이수
(고등 2년 포함)</td></tr>
<tr><td>2000년</td><td rowspan="3">3등급제</td></tr>
<tr><td>2008년</td><td rowspan="3">12년</td><td>대학 진학 가능</td></tr>
<tr><td rowspan="2">2012년</td><td rowspan="2">6-3-3-4
(중등 6년)
(대학 4년)</td><td>HKDSE
(3-3)</td><td>중등 6년 이수</td></tr>
<tr><td colspan="3">대학 진학 가능</td></tr>
</table>

중학교 3학년까지는 의무교육이며 2008년부터 12년 무상교육을 실시하고 있다. 중등과정 5년 중 고등학교 2년 과정은 인문계열, 이과계열, 상업계열로 나누어진다. 중등과정 5년(우리나라 교육과정에서는 고2에 해당) 때 홍콩교육인증시험(Hong Kong Certificate of Education Examination(HKCEE))을 보게 되며 이 시험에서 우수한 성적을 받은 학생들만이 대학입학준비과정(Matriculation Course or Form 6 and Form 7)으로 진급할 수 있다.[8] 그러나 이 시험을 통해 고등과정인 대학 입학 준비과정으로 진급하는 학생들은 불과 40%밖에 되지 않을 정

7) 오선영(2014:242) 참조.

8) 김왕준(2010:325) 참조.

도로 어렵다. 대학입학 준비과정은 2년 과정으로 수학 및 공학계열, 생물학 및 의학계열, 예술계열 등과 같이 세분화되어 있으며, 과정을 마친 후 학생들은 홍콩상위수준시험(Hong Kong Advanced Level Examination(HKALE))을 치르게 되며, 이 시험의 결과에 따라 고등교육기관, 즉 대학에 진학하는 자격을 얻게 된다.[9] 이러한 영국식 6-5-2-3 학제는 2012년 일대 변혁이 일어나 중국과 우리나라와 마찬가지로 중등교육 6년과 대학교육 4년인 6-3-3-4학제로 변환하게 된다. 이는 지나치게 빠른 진로의 선택, 전공 이외의 다른 분야에 대한 기본적 지식 및 이해 부족으로 인해 학생들의 시각이 너무 협소해진다는 지적에 따른 조치였다. 이와 같은 학제 개편과 더불어 과도한 입시 경쟁에 따른 학생들의 심리적 부담을 줄여주기 위하여 기존의 홍콩 교육 인증시험 및 홍콩 상위 수준시험 등이 폐지되고 중등과정 6년을 마친 후 홍콩중등교육자격시험(Hong Kong Diploma in Secondary Education(HKDSE))을 보게 되는데 이는 중등교육 졸업이수자의 비율을 기존의 40%에서 70%까지 끌어올리는 긍정적인 효과를 낳게 된다. 홍콩에 있는 교육기관과 학생의 수는 다음과 같다.

9) 김왕준(2010:325) 참조. 홍콩상위수준시험(HKALE, Hong Kong Advanced Level Examination)은 홍콩에서 시행되는 일종의 대학진학시험으로 영국의 Advanced-level과 유사하며 A-Levels로 표시되기도 한다.

<표 3> 홍콩의 교육기관 수 및 학생 수(2013/14~2016/17)[10]

단위(학생 수): 천명

	2013/14		2014/15		2015/16		2016/17	
	기관수	학생수	기관수	학생수	기관수	학생수	기관수	학생 수
유치원	969	169.8	978	176.4	1000	185.4	1014	184.0
초등학교	569	320.9	571	329.3	572	337.5	575	349.0
중등학교	514	395.3	509	373.1	506	352.6	506	338.1
대학교 이상	17	350.5	19	-	20	328.8	20	324.1

2.1 초·중·고등학교

홍콩은 일찍부터 서양식 교육 제도를 도입하였다. 그러나 아시아 특유의 교육열 영향으로 한국과 마찬가지로 입시 경쟁이 치열하고 주입식 암기 위주의 교육과 사교육에 대한 의존도가 높은 편이다. 2008년부터 12년간의 초중등 교육을 무상으로 실시하고 있지만 유치원은 무상교육의 범위에 들어가지 않는다. 홍콩도 학부모의 조기 교육열이 한국 못지않게 치열해서 보통 아이가 3세 때 유치원에 입학하는 것이 일반적이므로 3세부터 5세의 자녀를 유치원에 보내고자 하는 학부모들은 학비를 자비로 부담할 수밖에 없다. 따라서 이러한 학부모들의 경제적 부담을 덜어주기 위해 홍콩 정부는 유치원 교육

10) Hong Kong Yearbook 2015, Hong Kong Education Bureau(주 홍콩 대한민국 총영사관 제공 자료 참조, 2017. 11. 24. 검색.)
http://overseas.mofa.go.kr/korean/as/hkg/information/edu/edu02/index.jsp

바우처 제도(Pre-Primary Education Voucher Scheme)를 시행하고 있다. 이 제도의 수혜대상은 바우처 제도에 가입한 비영리 유치원에 입학하는 초등학교 취학 전 3개년도의 유치원생 즉 3세에서 5세의 자녀가 대상이 된다. 2015년도 기준 자녀 1인당 연간 바우처 금액은 22,510홍콩달러이다.[11] 그러나 실제로 학부모들이 선호하는 유치원들은 정부가 지원하는 바우처 금액을 상회할 뿐만 아니라 바우처 자체를 받지 않는 곳이 대부분이기에 정부 보조금 지원 대책과 현실과는 괴리가 있다고 할 수 있다.

홍콩의 초·중등 교육기관은 정부의 재정 지원 여부, 운영 주체, 교육 대상 등에 따라 다양하게 구분되는데 공립학교들의 학급 규모가 사립학교보다 크고 부대시설이 비교적 적으며 교육방식도 전통적인 방식을 따라 교사의 일방적인 주입식 교육으로 이루어지고 있다. 교육기관을 교육환경에 의해서도 구분할 수 있고, 영어로 수업을 진행하는 학교와 광동어로 수업을 진행하는 학교로 구분된다. 홍콩 학부모들은 높은 학비에도 불구하고 영어로 가르치는 학교들을 선호하고 있어 학생들의 구성분포 측면에서 보자면 광동어로 가르치는 학교들이 상대적으로 열등한 학교로 인식되기도 한다. 홍콩의 초중등 교육기관은 다음과 같이 분류할 수 있다.[12]

---

11) 주 홍콩 대한민국 총영사관 자료 참조, 2017. 11. 24. 검색. 2017/2018학년도부터 유치원 무료우수교육(Free Quality Kindergarten Education) 시행하고 있다.
- 수혜대상: 비영리 유치원에 입학하는 초등학교 취학 전 3개연도의 유치원생
- 반일제: 연간 학교에 유치원생 한명 씩 HKD 33,190 지원
- 전일제: 연간 학교에 유치원생 한명 씩 HKD 43,150 보조금 지원. 홍콩 교육부에서는 2017/2018년도에 유치원을 다니는 유아의 70-80%가 반일제 유치원생 무료 유치원 교육을 받을 것으로 예상하고 있다.

12) 주 홍콩 대한민국 총영사관 제공 자료 참조, 2017. 11. 24. 검색. http://overseas.mofa.go.kr/korean/as/hkg/information/edu/edu02/index.jsp

<표 4> 초·중등 교육기관

구분		재정·운영주체	특징
공립학교 (Government Schools)		정부가 재정을 지원하고, 직접운영	현지학생 대상 학비 면제
정부보조 학교 (Aided Schools)		주로 정부의 재정 지원을 받아 현지 자선 및 종교단체가 운영	현지학생 대상 학비 면제
직접보조계획 (Direct Subsidy Scheme)		다양한 비정부기관이 운영하며, 사립학교 교육의 질 향상을 위한 홍콩정부 직접보조계획에 따라 보조금을 지급받기는 하나, 정부보조학교보다 자율적이고 유연한 운영이 가능	현지학생 대상 커리큘럼, 학비, 입학요건 등은 학교에서 자율적으로 결정
사립학교 (Private Schools)	사립현지학교 (Private Local Schools)	다양한 사립단체가 운영	주로 현지학생 대상 영어 및 광동어로 수업 진행 입학은 재정능력 보다는 학업 능력에 따라 결정
사립학교 (Private Schools)	사립국제학교 (Private International Schools)	다양한 사립단체에서 운영하며, 학비, 등록비, 다양한 서비스 비용 이외에도 학교 건립, 설비를 위한 채권(debenture) 등을 발급하기도 하고, 채권을 구입한 경우 입학시 우선순위 제공	주로 비현지 외국인 학생이 대상이나 현지학생들도 증가 추세 영어 및 학교 후원 국가에 따라 불어, 일본어, 한국어 등으로 진행 입학은 학교의 재량사항
ESF (English Schools Foundation)		1967년 홍콩정부에 의해 설립된 ESF가 정부로부터 보조금을 받으며 운영하는 교육기관으로 학비는 사립국제학교 보다는 저렴	현지학교에 다니기 어려운 영어권 학생들이 대상(9개의 초등학교와 5개의 중 고등학교 그리고 1개의 특수학교 운용)

2.2 대학교

홍콩의 고등교육 진학률은 우리나라에 비해 상대적으로 낮은 편으로 1970년대 불과 2%와 1980년대 3~4%였던 학생 수에 비해 2010년대 중반 22%까지 급증하는 등 학생 수가 지속적으로 증가하고 있다. 홍콩의 최초의 대학은 1911년에 홍콩섬에 설립된 홍콩대학(香港大學, The University of Hong Kong)으로 그 후 1963년 산까이 지역의 샤틴(沙田, Sha Tin)에 홍콩중문대학(香港中文大學, The Chinese University of Hong Kong)이 설립되면서 이들은 지금까지도 홍콩을 대표하는 최고의 고등교육기관으로 군림하고 있다. 이들을 포함하여 홍콩에는 학위를 수여할 수 있는 12개의 대학이 있는데 이중 다음 표에 제시되어 있는 8개의 대학만이 홍콩 정부 산하 대학재정위원회(University Grants Committee: UGC)의 지원을 받고 있는 국립대학(public-funded universities)들이다.[13]

13) 대학재정위원회(UGC, University Grants Committee)의 지원을 받는 8개의 대학 이외에 나머지 4개의 교육기관은 다음과 같다: 홍콩연예예술대학(香港演藝學院, The Hong Kong Academy for Performing Arts), 홍콩개방대학(香港公開大學, The Open University of Hong Kong), 홍콩수인대학(香港樹仁大學, Hong Kong Shue Yan University), 홍콩주해대학(珠海大學, Chu Hai College of Higher Education)(권택동 외 2015:122).

<표 5> 홍콩 주요 대학 현황(2016/17년도)[14]

대학명 (개교년도)	단과대 수	학생 수	세계대학 평가순위	
			QS 2017	타임즈 2017
홍콩대(The University of Hong Kong, 1911)	10개	19,160명	26위	43위
홍콩과기대(Hong Kong University of Science & Technology, 1991)	4개	10,655명	30위	49위
홍콩중문대(The Chinese University of Hong Kong, 1963)	8개	19,655명	46위	76위
홍콩시티대(City Uniersity of Hong Kong, 1984)	7개	14,325명	49위	119위
홍콩이공대(The Hong Kong Polytechnic University, 1972)	8개	17,713명	95위	192위
홍콩침례대(The Hong Kong Baptist University, 1956)	7개	7,360명	299위	351위-400위
링난대(Lingnan University, 1967)	3개	2,667명	551-600위	-
홍콩교육대학(The Education University of Hong Kong, 1994)	3개	8,684명	교육부분[96] 13위	-

14) 주 홍콩 대한민국 총영사관 제공 자료 참조, 2017. 11. 24. 검색. http://overseas.mofa.go.kr/korean/as/hkg/information/edu/edu02/index.jsp

15) 세계 대학 중 교육부분에서 13위를 차지하였는데 홍콩교육대학이 교육대학이라는 학교의 특성을 감안한다면 상당히 높은 순위를 기록한 것이라고 할 수 있다. 참고로 홍콩대학의 교육 부분 순위는 세계 7위이다.

홍콩 정부는 고등교육 분야를 홍콩 경제가 국제 사회에서 갖는 위상과 높은 국제경쟁력의 가장 중요한 원동력으로 인식하고 홍콩을 아시아의 교육 허브로 구축하기 위해 다양한 정책을 시도하고 있다. 최근 QS 세계대학평가에서 8개의 국립대학 중 5개 대학이 세계 100위권에 진입한 것은 이러한 홍콩 정부의 정책적 노력의 결과라고 할 수 있다. 홍콩의 인구 규모로 보았을 때 세계적인 대학평가기관으로부터 우수한 평가를 받은 대학이 한 지역에 홍콩만큼 밀집되어 있는 경우는 흔하지 않다. 홍콩의 대학들은 외국인 유학생 유치에도 적극적으로 나서고 있으며, 전체 대학생의 20%까지 끌어올리기 위해 각 대학별로 치열한 유치전을 펼치고 있다.[16] 개별 대학은 학교 재량에 따라 외국인 학생 쿼터를 적절하게 조정할 수 있으므로 외국인 유학생이 졸업 후에도 홍콩에 남아 최장 12개월 동안 체류하며 취업을 할 수 있도록 돕고 있다.[17]

앞서도 언급했듯이 홍콩의 대학진학률은 30%가 넘지 않는 수준으로 그리 높은 편이 아니다. 한국의 대학진학률이 70%를 넘는 것과는 대조적이다. 특히 홍콩 내 정부로부터 재정적 지원을 받는 8개 대학의 입학률은 2013년 18%, 2014년 15%정도로 매우 낮다. 따라서 홍

16) 유학생(non-local students)의 90% 이상이 중국 본토 출신이라는 것은 캠퍼스 국제화의 실질적인 성과에 문제점으로 지적된다. 홍콩 교육기관의 가장 큰 시장이 중국 본토라는 것에는 홍콩의 모든 교육 전문가들이 동의하고 있으나 너무 한 시장으로의 쏠림 현상에 대한 우려의 목소리가 있는 것도 사실이다(Education Commission 2011:19).

17) 현지 로컬 학생이 아닌(Non-local students) 경우 홍콩에서 학업을 마친 후 졸업과 동시에 홍콩이민국(入境事務處, Immigration Department)에 IANG (Immigration Arrangements for Non-local Graduates)비자를 신청할 수 있다. 비자 신청이 수락될 경우 유학생들은 졸업 후 아무런 제재 없이 홍콩에 체류하며 구직 활동을 할 수 있다.

콩에서 대학을 다니는 학생들은 이미 높은 경쟁을 뚫고 들어온 우수한 학생들이라고 해야 할 것이다. 2014년의 통계에 의하면, 홍콩의 교육개혁 후 우리나라의 수능시험과 같은 기능을 해오고 있는 홍콩중등교육자격시험(HKDSE, Hong Kong Diploma of Secondary Education)에 7만 9천여명의 학생이 응시하여 2만 8천여명이 합격했으나 국립대학교의 정원수가 1만 2천 명밖에 되지 않아 그 외의 학생들은 입학할 수 없었다고 한다. 한 해 국립대학 포함 홍콩 지역에 있는 대학들이 수용할 수 있는 최대 인원은 기껏해야 2만 2천여 명 정도 밖에는 되지 않는다. 홍콩 대학들의 경쟁력에는 등록금 문제도 포함되어 있다. 대학재정위원회의 지원을 받는 8개 대학들은 정부의 재정지원으로 2014/2015 학기 한 해 평균 등록금이 42,100홍콩 달러 밖에는 되지 않는다.[18] 이를 원화로 환산하면 한 해 등록금이 600만원 정도이다. 한 학기 학비 천만원 시대를 이야기하는 현재 우리나라의 실정과 비교해 보면, 홍콩 대학생들은 아주 저렴한 가격에 양질의 고등교육을 받고 있는 셈이다.

18) 주 홍콩 대한민국 총영사관 제공 자료 참조, 2017. 11. 24. 검색.
http://overseas.mofa.go.kr/korean/as/hkg/information/edu/edu02/index.jsp

3. 홍콩의 언어정책

홍콩이 아시아의 물류·금융의 허브도시로 성장할 수 있었던 배경에는 원활한 영어 소통능력이 일정 역할을 했다는 것은 논란의 여지가 없다. 이는 홍콩이 과거 영국의 식민지였다는 역사적 사실 외에 일찍부터 국제도시로서의 지속적 성장을 위한 교육 환경을 조성해 온 홍콩 정부의 노력의 산물이기도 하다. 반면 1997년 홍콩이 중국으로 반환된 이후 동일한 문자를 사용하지만 서로 소통되지 않는 홍콩 시민들과 중국 내륙인들 사이의 커다란 언어장벽을 없애기 위한 정부의 노력도 역시 간과해서는 안 될 것이다. 홍콩은 정치적으로는 '일국양제(一國兩制)'라는 유연한 발상의 전환으로 홍콩주권의 중국 반환에서 오는 혼란을 완화시키고 있다. 중국 홍콩특별자치구에 대한 헌법의 지위를 갖고 있는 '홍콩특별행정구 기본법(香港特別行政區基本法)'의 규정에 의하면 "홍콩특별행정구는 사회주의 제도와 정책을 시행하지 않으며, 원래의 자본주의 제도와 생활방식을 유지하며 50년 동안 불변한다."라고 명시하고 있다.[19] 홍콩특별행정구는 중국 중앙정부에 귀속되지만 외교와 국방을 제외한 고도의 자치권을 향후 50년간 보장하겠다는 내용을 담고 있어 홍콩 주민의 불안감을 해소할 수 있었다. 기본법에는 교육제도에 관한 규정도 제시하고 있다. '홍콩특별행정구 정부는 원래 교육제도의 기초 위에 교육의 발전과 개선에 관계된 정책, 즉 교육체제와 관리, 교육언어, 경비분배, 고시제

19) 中華人民共和國香港特別行政區基本法 제1장 제5조의 내용이다. 중국어 원문은 박홍수(2007:169) 참조.

도, 학위제도 및 학력승인 등의 정책을 스스로 제정한다'라고 되어 있다.[20] 이러한 기본법에 의거하여 홍콩 정부는 '중학교육언어지침(中學教學語言指引)'을 제정하여 자체적인 교육방향을 설정하고 있다. 중학교육언어지침에 따르면 '정부의 언어교육정책은 '양문삼어(兩文三語)'를 목표로 하며, 우리 학생들이 중문(中文), 영문(英文)을 모두 잘하여 매끄럽게 중문과 영문을 쓸 수 있고, 유창한 광동어, 보통화 및 영어를 구사할 수 있기를 기대한다'라고 하였다.[21] 여기서 말하는 '양문'이란 문어로 사용되는 중문과 영문을 가리키며, '삼어'는 구어로 사용되는 광동어, 보통화 그리고 영어를 의미하는 것이다. 기본법에는 다음과 같은 조항도 있다. '홍콩특별행정구의 행정기관, 입법기관과 사법기관은 중문 사용 외에 영문을 사용할 수 있고, 영문도 정식 언어이다.'[22] 이 조항은 의미하는 바가 크다. 중국으로의 주권 반환 전에 홍콩 사회에서 공식적으로 제1언어는 영어였고 따라서 행정기관, 입법기관, 사법기관 등 홍콩 정부의 모두 관련 문서를 영어로 표기하였다.[23] 그러나 주권 반환 후 홍콩의 헌법에는 홍콩 사회의 제1언어를 중문으로 규정하고 있는 것이다. 홍콩에서 가장 널리 유통되는 광동어는 일반적으로 의사소통을 위한 구두어로 표현되며 광동어의 문자언어는 독자적인 형식으로 존재하는 것이 아니라 대부분 보통화의

---

20) 中華人民共和國香港特別行政區基本法 제6장 제136조의 내용이다. 중국어 원문은 박홍수(2007:169-170) 참조.

21) 박홍수(2007:170) 참조.

22) 中華人民共和國香港特別行政區基本法 제1장 제9조의 내용이다. 중국어 원문은 박홍수(2007:171) 참조.

23) 1970년대에는 중국어를 공용어로 제정하자는 사회적 운동이 일기 시작하였고 1974년 마침내 공용어법(Official Languages Ordinance)에 따라 중국어도 공용어의 지위를 부여받게 된다(김종훈 2002:12).

형식을 따라 중문으로 동일하게 표기된다는 의미에서 보자면 이는 중문이 홍콩 사회에서의 첫 번째 지위를 완전히 회복했다고 볼 수 있을 것이다. '양문삼어'의 정책이 앞서 언급한 '일국양제'의 정치적 배경과 홍콩사회의 현실상황과도 부합한다는 평가도 있다. 즉 중문과 보통화의 사용은 '일국'의 조건에 부합하고 영문과 영어, 광동어의 사용은 '양제'의 특징을 유지한다는 것이다.[24]

3.1 홍콩에서의 중국어

홍콩이 중국으로 반환되면서 영국홍콩인에서 중국홍콩인으로의 정체성을 회복하려는 노력의 일환으로 중국어 교육을 강화하게 되고, 이때 보통화의 지위도 역시 상승하게 된다. 주권이 반환되기 전 홍콩 정부는 1997년 이후를 대비해서 공무원들의 보통화 능력 제고를 위한 방침들을 발표하였다. 고등학교 과정의 보통화 시험을 통과하거나 보통화 시험 증서를 제출해야만 신규공무원 채용에 응시할 수 있다. 신규 채용된 공무원은 1년간 의무적으로 보통화 연수를 받아야 한다든지 결재서류나 보고서 등도 중문으로 작성토록 한다든지 중문 작업 역량을 강화했고, 컴퓨터의 중문 소프트웨어의 구입을 위해 1억3천백만 홍콩달러의 예산을 책정했다. 이러한 보통화 논란은 초중등 교육과정에서도 예외는 아니었다. 보통화 과목을 선택과목이 아니라 필수과목으로 지정해야 한다는 주장과 이러한 정책을 수립하는 것이 현실적으로 어렵다는 주장들이 팽팽히 맞섰다.[25] 이러

24) 박홍수(2007:173) 참조.

25) 1995. 9. 21. 동아일보 기사 참조, 2017. 11. 24. 검색.

한 논란은 비단 정부나 교육기관만의 문제가 아니라 사회 전반적으로 확대되는 경향이 있었던 것이 사실이다. 그러나 이러한 초기의 우려와는 달리 통계에 의하면 1998년 홍콩의 전체 초등학교 중 97%가 중등학교의 94%가 보통화과정을 개설했고 2002년에는 98.7%의 초등학교와 95.5%의 중등학교에서 개설되었으며 2006년에는 99% 이상의 초중등학교에서 보통화 과정을 개설하였다고 한다.[26] 현재 홍콩 교역의 절반 이상을 중국에 의존하고 있고 홍콩을 찾는 관광객의 4명 중 3명이 대륙인이라는 것을 감안하면, 지금은 오히려 경제적인 이유 때문에 보통화를 자발적으로 배우려는 분위기이다. 홍콩에서 실시하는 보통화 능력평가에서 중급이나 고급 등 상위 등급을 받는 응시자가 늘어나는 것도 이러한 추세를 반영해 준다고 할 수 있다. 2016년 보통화 능력평가에 응시한 홍콩 사람은 7,338명이고 이들 중 고급 합격자는 5%, 중급 합격자는 63%로 가장 많았다. 시험이 처음 실시된 1996년 연간 응시인원이 141명이었던 것과 비교하면 홍콩에서의 보통화 열풍을 잘 대변해 주고 있다. 홍콩의 대부분의 대학 내에는 보통화 교육기관이 설립되어 보통화 확산에 기여하고 있다.

이러한 변화에도 불구하고 아직까지 영어를 중시하고 중국어를 경시하는 문제나 홍콩 사람들에게는 모어(母語)인 광동어의 영향으로 인한 보통화 학습의 장애, 보통화 교사의 부족 등은 여전히 개선해야 될 문제점으로 지적되고 있다.[27]

26) 박홍수(2007:175) 참조.

27) 박홍수(2007:176) 참조.

3.2 홍콩에서의 광동어

앞에서 설명한 바와 같이 영국의 식민지 하에서는 정부, 법정, 교육기관 등에서 공식적으로 사용하는 언어는 영어였다. 그러나 주권의 반환 이후 기본법에 명시한 바와 같이 중국어의 지위가 회복되면서 홍콩 정부도 적극적으로 모어교육을 추진하였다. 즉 교육언어로서의 역할이 영어에서 광동어로 전환된 것이다. 1997년 통계에 의하면 홍콩의 중등학교 중 16%만이 중국어를 교육언어로 채택하고 있었고 84%의 학교가 대부분의 과목을 영어로 교육하였다. 그러나 주권의 반환 이후 홍콩 정부는 중국어를 교육언어로 삼도록 엄격하게 규정하였고 이는 결과적으로 점차 효과를 보기 시작하였다. 따라서 중국어로 교육하는 학교는 74개에서 300여개로 늘어나 전체 홍콩 중등학교 중 75% 이상을 차지하게 된다.[28] 이는 홍콩 정부가 의도한 바와 같이 모어인 광동어가 홍콩 사회의 주된 언어로의 지위를 회복하였다는 것을 의미한다.

3.3 홍콩에서의 영어

영국의 식민통치 기간 홍콩 중학교의 94%가 영어를 교육언어로 사용한 이래 주권이 반환된 이후에도 홍콩 정부는 국제적 교육환경 조성을 위해 공을 들이고 있다. 고등학교 이상의 학력을 가진 홍콩시민이라면 일정 수준의 영어소통 능력과 원활한 업무수행 능력을 갖

---

28) 박홍수(2007:178) 참조.

추고 있다고 볼 수 있다. 또 기존의 중문중학교와 영문중학교로 구분하고 모어 교육을 더 강조하던 정책에서 선회하여 2010년 9월부터는 이러한 획일적인 분류정책을 폐지하고 학생들의 수요, 교사의 역량, 학교의 재량 등에 따라 학급별, 그룹별, 또는 과목별로 자율적으로 교육 언어를 선택할 수 있게 하였다. 이러한 조치에 따라 기존의 중문중학교로 분류되던 학교들도 학부모와 학생들의 요구에 따라 영어를 교육언어로 전환하는 경우가 많아지고 있다. 이러한 움직임은 홍콩 정부가 모어 교육을 우선적으로 강조하게 되면서 영어 수준의 저하에 대한 우려의 시각이 많아졌고 모어교육과 영어교육이 서로 배타적인 것이 아니라 보완할 수 있는 방법들을 모색하게 된 것이 계기가 되었다. 따라서 현재 홍콩의 상당수의 중등학교가 영어로 수업을 진행하고 있고 8개의 국립대학도 수업을 영어로 진행한다. 이는 홍콩의 또 다른 자산이 되어 해외 유학생을 유치하는 데 효과적이다. 신문과 방송도 영어 보급에 역할을 담당해 왔다. 영자신문은 말할 것도 없이 홍콩 국영 라디오 방송국(Radio Television Hong Kong: RTHK)과 상업 라디오 방송국(Commercial Radio)에서 송출하는 영어 방송 등은 교육을 잘 받고 경제 수준이 높은 홍콩 주민들이 주로 애용하는 매체가 되었다.[29]

29) 김종훈(2002:15) 참조.

4. 경계인으로서의 삶

지금까지 우리는 1997년 홍콩의 주권이 중국으로 반환된 이후의 홍콩사회가 변화된 체제 속에서 적응해 가는 양식을 주로 교육과 언어정책의 측면에서 살펴보았다. 여기서는 변화된 홍콩인 자신의 문화적 정체성에 대하여 검토해 보고자 한다.

홍콩 사람들은 어느 나라 사람이냐는 질문에 때로는 홍콩인, 때로는 영국인, 때로는 중국인이라는 알 수 없는 답변을 하는 장면을 종종 목격할 수 있다. 이것은 중국으로의 반환 이후 특히 홍콩사회가 겪고 있는 가장 큰 혼란스러운 문제일 것이다. 사실 이해가 되지 않는 것도 아니다. 영국의 식민지 하에서는 홍콩인 혹은 영국인으로 살아왔지만 홍콩 반환 이후에는 또 다시 새로운 삶 즉 중국인으로 살아가고 있기 때문에 정체성의 혼돈을 겪는 것은 어찌 보면 당연한 일일 지도 모른다. '당신은 어느 사람입니까'라는 다음의 설문 조사를 보더라도 실제로 홍콩 주민들은 홍콩인, 중국인, 중국홍콩인, 홍콩중국인 등으로 다양한 답변을 하고 있는 것을 볼 수 있다. 박광득(2007)은 홍콩 사람들이 중국인이라는 명시적 표현을 쓰기보다는 홍콩인(Hongkonger) 혹은 중국의 홍콩인(Chinese Hongkonger) 또는 홍콩의 중국인(Hongkonger Chinese)이라는 표현을 쓰는 것이 중국인으로 불려워지기를 거부하고 중국인이라는 부류에 소속되기를 싫어하는 의식 형태라고 진단하고 있다.

<표 6> 당신은 어느 나라 사람입니까?[30]

조사 기간	홍콩인	중국 홍콩인	홍콩 중국인	중국인	혼종	기타	잘모르겠다
2016	34.6 %	29.1 %	17.7 %	16.3 %	46.8 %	1.4 %	1.0 %
2015	40.2 %	27.4 %	13.0 %	18.1 %	40.4 %	0.9 %	0.4 %
2014	42.3 %	24.3 %	15.0 %	17.8 %	39.3 %	0.6 %	0.0 %
2013	34.8 %	27.6 %	15.0 %	21.8 %	42.6 %	0.8 %	0.1 %
2012	27.2 %	33.1 %	16.1 %	21.3 %	49.2 %	0.6 %	1.7 %
2011	37.7 %	25.3 %	17.8 %	16.6 %	43.1 %	0.6 %	2.1 %
2010	35.5 %	27.6 %	13.8 %	21.1 %	41.4 %	0.4 %	1.5 %
2009	37.6 %	23.9 %	13.1 %	24.2 %	37.0 %	0.2 %	1.0 %
2008	21.8 %	29.6 %	13.0 %	34.4 %	42.6 %	0.5 %	0.7 %
2007	23.5 %	31.5 %	16.0 %	27.2 %	47.5 %	0.7 %	1.1 %
2006	22.4 %	24.3 %	20.1 %	31.8 %	44.4 %	0.6 %	0.7 %
2005	24.8 %	26.5 %	16.9 %	30.7 %	43.4 %	0.0 %	1.1 %
2004	25.9 %	23.1 %	16.2 %	31.6 %	39.3 %	0.4 %	2.8 %
2003	24.9 %	23.4 %	15.6 %	32.5 %	39.0 %	0.3 %	3.3 %
2002	31.1 %	21.3 %	14.3 %	29.7 %	35.6 %	0.6 %	3.0 %
2001	31.9 %	20.5 %	10.4 %	31.5 %	30.9 %	0.3 %	5.4 %
2000	35.6 %	19.1 %	13.8 %	25.2 %	32.9 %	0.9 %	5.5 %
1999	39.0 %	20.9 %	17.2 %	19.9 %	38.1 %	0.2 %	2.8 %
1998	40.7 %	22.3 %	15.1 %	17.2 %	37.4 %	0.6 %	4.2 %
1997	35.8 %	22.9 %	18.9 %	18.2 %	41.8 %	0.2 %	3.9 %

30) 홍콩대학 민의 조사 홈페이지 자료 참조, 2017. 11. 24. 검색. 설문조사에 사용된 질문은 다음과 같다: 你會稱自己爲香港人/中國人/香港的中國人/中國的香港人 (You would identify yourself as a Hongkonger /Chinese / Chinese in Hong Kong/Hong-konger in China)

보통 한 인간의 정체성은 교육의 과정을 통해 형성된다는 관점에서 보면 97년 반환 직후에는 홍콩인의 대륙인에 대한 경계의식 혹은 우월감이 비교적 강하게 나타난 것 같지만, 그 후 홍콩 정부의 보통화 보급 정책에 힘입어 이러한 의식은 조금씩 퇴색되어 가는 듯하다. 부언하자면 앞서 언어정책에서 살펴보았듯이 홍콩 정부는 이 시기 기존의 사회 시스템에서 강조되어 오던 영어교육보다는 모어교육을 강화한다던지 중문을 영문보다 상위의 지위로 복권시킨다던지 하는 애국주의 교육으로 중국인이라는 국민의식이 강하게 작용하도록 교육정책을 실시하고 있다.[31] 따라서 자신이 홍콩인이라고 답변한 사람의 비율은 97년 이후 꾸준히 줄고 있는 반면 중국이라고 답변한 사람의 비율은 대조적으로 꾸준히 증가하고 있다는 점도 흥미로운 결과이다. 이후 중국정부와 홍콩시민의 보편적 참정권(Universal suffrage)에 대한 견해차에서 비롯되어 2014년 9월 28일부터 79일간 지속된 우산혁명의 영향으로 2014년부터는 홍콩인이라는 자각이 다시 반환 직후만큼이나 상승하게 되고 역시 중국인이라는 의식은 감소하게 된다고 볼 수 있다. 홍콩인과 중국인이라는 의식 사이에는 모종의 상관관계가 있으며 홍콩의 민주화 시위는 홍콩 사회가 지니는 독특한 정체성의 혼돈 속에서 표출된 자아의식이라고 할 수 있을 것이다.

31) 박광득(2007:251) 참조.

5. 나오며

홍콩은 오랫동안 서구화된 시스템 속에서 영어를 공용어로 사용해 왔고 이러한 홍콩인들의 훌륭한 영어소통 능력은 그동안 홍콩이 국제도시로서의 위상을 제고시키는데 큰 역할을 해 왔다. 그러나 1997년 중국으로의 주권 반환 이후 '일국양제'라는 독특한 정치 시스템과 '양문삼어'라는 야심찬 언어정책의 시행 아래 현재 정체성의 혼돈을 겪고 있는 과도기인 것도 사실이다. 통계에 의하면 중국으로의 반환 이후 한 때 홍콩인의 홍콩의 미래에 대한 확신이 84.7%까지 치솟은 적이 있으나 우산혁명을 경험한 전후로 40.8%까지 큰 폭으로 떨어지기도 했다.[32] 2017년 올해는 다시 50%대를 회복하였다는 소식은 가히 홍콩의 미래에 대한 기대를 가져볼만하다. 박흥수(2007)에서도 지적하고 있듯이 언어 사용적인 측면에서 '양문삼어'는 '일국양제'의 현실적 측면을 고려한 절묘한 언어정책이다. 광동어와 보통화가 서로 배타적으로 존재하는 것이 아니라 오히려 역설적으로 광동어가 홍콩에서 계속 유통될 수 있음을 보장하고 있다. 따라서 이는 언어 소멸이 아니라 언어 발전의 측면에 부합한다. 일국양제와 양문삼어의 오묘한 조화처럼 홍콩 사회에 '홍콩다움'과 '중국다움'이 적절한 타협을 할 수 있기를 기대해 본다.

32) 홍콩대학 민의 조사 홈페이지 자료 참조, 2017. 11. 24. 검색.

참고문헌

권동택 외(2015), 홍콩의 고등교육 평가인증제도의 운영 실태분석과 시사점, 『비교교육연구』 25, pp. 119-143.

김왕준(2010), 홍콩, 싱가포르, 핀란드, 아일랜드의 교육개혁의 비전과 주요 정책, 『초등교육연구』 23, pp. 321-340.

김종훈(2002), 외국국제자유도시의 언어정책 - 싱가포르와 홍콩의 경우, 『교육과학연구』 4, pp. 1-21.

김하림(2006), 홍콩 반환과 왕자웨이(王家衛)의 《중경삼림(重慶森林)》, 『중국인문과학』34, pp. 615-630.

박광득(2007), 홍콩 반환 10년의 회고와 전망. 『통일전략』 7(2), 한국통일전략학회, pp. 225-262.

박흥수(2007), 홍콩의 언어교육정책 - '兩文三語', 『중국연구』 40, pp. 169-184.

양은아, 한승희(2016), 홍콩 고등평생학습복합체계 구조적 특징 분석-HKU SPACE 사례를 중심으로 , 『평생교육학연구』 22, pp. 161-192.

오선영(2014), 홍콩의 한국어교육 현황과 문화교육 사례. 한국언어문화교육학회 제9차 국제학술대회, pp. 241-248.

이송이(2011), 혼종적 정체성의 해항도시: 식민과 탈식민, 내셔널리즘과 코스모폴리타니즘 사이의 홍콩 - <아비정전 阿飛正傳>, <중경삼림 重慶森林>에 나타난 도시 이미지 분석, 『해항도시문화교섭학』 4, pp. 165-198.

이수정 외(2013), 타이완, 싱가포르, 홍콩의 교육개혁 비교연구-교육 국제화 정책을 중심으로 , 『비교교육연구』 23, pp. 1-30.

주효진(2010), 아시아 국가들의 다문화정책에 대한 탐색적 연구 대만, 싱가포르, 일본, 홍콩의 사례로부터, 『한국자치행정학보』 24, pp. 211-230.

최무현·김경희(2015), 한국의 다문화사회 정책의 거버넌스 현황과 발전방안. 『공공사회연구』 5, pp. 229-281.

Ching, Chow Bun (2009). *Cantonese for everyone*. The commercial press (H.K.) Ltd.

Education Commission (2000). Learning for life, learning through life: Reform proposals for the education system in Hong Kong.
Education Commission (2006). Progress report on the education reform (4).
Education Commission (2011). Report on the development of education services in Hong Kong.

인터넷자료

http://www.newspim.com/news/view/20170720000054) (뉴스핌 2007. 7. 20)
http://www.ugc.edu.hk/eng/ugc/index.html (홍콩 대학 재정 위원회 홈페이지)
http://newslibrary.naver.com/viewer/index.nhn?articleId=1995092100209107010&edtNo=45&printCount=1&publishDate=1995-09-21&officeId=00020&pageNo=7&printNo=22974&publishType=00010 (동아일보 2007. 7. 20)
https://en.wikipedia.org/wiki/Hong_Kong (위키피디아)
https://en.wikipedia.org/wiki/Seoul (위키피디아)
https://en.wikipedia.org/wiki/Jeju_Island (위키피디아)
http://hkg.mofa.go.kr/korean/as/hkg/main/index.jsp (주 홍콩 대한민국 총영사관 홈페이지)
http://www.bycensus2016.gov.hk/en/bc-mt.html (홍콩대학 홈페이지 민의 조사)
https://www.lshk.org/jyutping (홍콩언어학회 홈페이지)

‘農民工’의 계보학 :
도시 - 농촌 공간의 역학성과 호구제도

이윤정 (충북대학교 강사)

1. 들어가며

> 닭보다 먼저 일어나고, 고양이보다 늦게 자며, 돼지보다 안 좋은 걸 먹고, 당나귀보다 힘들게 일한다(起得比鷄早, 睡得比猫晩, 吃得比猪差, 干得比驢多). 黑撒樂隊의 노래 <起得比雞還早> 인용

오늘날 중국 인터넷에서 '농민공'을 검색하면 자주 등장하는 구절로 농민공들의 고된 노동과 힘겨운 도시생활을 단적으로 보여 준다. 중국의 경제성장은 세계가 놀랄 만큼 급속하게 이루어졌고, 그 경제성장의 뒤편에는 피, 땀, 눈물과 맞바꾼 몇 푼의 임금이 농사보다 낫다고 위로하는 '농민공'들이 있다. 고향을 떠나 도시의 열악한 생활환경, 노동환경에서 국가, 고용주, 도시민에게 받았던 멸시어린 시선과 부당한 대우에도 언젠간 고향으로 돌아갈 거라는 희망으로 버티는 그들이 '농민공'이다.

우리는 농촌에서 도시로 이주한 농민공에 대한 호칭변화를 살펴보고 그에 따른 사회적 인식변화를 고찰하고자 한다. 또한 농민공이라는 사회계층 형성의 문제점 및 자아정체성의 혼란, 변화 속에 정체된 농민공 현실을 이 글을 통해 살펴보고자 한다.

2. 농민공 호칭의 역사적 변천

2.1 1980년, 개혁개방 초기

1) 盲流(맹류: 맹목적으로 도시로 온 사람들)

과거 사회주의 시기 사람들은 누구나 자신의 출신지의 '호구'나 '단위'에 묶여 있었고, 식량공급은 상급으로부터 배급체계가 엄연하게 존재하고 있었다. 즉 자신이 사는 고장을 떠나면 굶어죽을 각오를 해야만 했다. 사회주의 통제 시절 국가 최대의 '악'하나가 있었다면 그것은 바로 '맹류(盲流)'였다. 이 '맹류(盲流)'는 사회주의 시스템 속에 머물지 않고 떠돌아다니며 살길을 찾아 다른 지역으로 흘러 다니는 것을 지칭한다. 수공예품이나 먹을거리 장사를 하는 삶을 선택하게 된다. 물론 사회주의 시절에 개인장사는 '악'이고 미천한 직업이었다.[1]

위에서 볼 수 있듯이 '맹류(盲流)'를 국가의 '악'으로 간주하고 있다. 이처럼 농촌에서 도시로 온 노동자들을 '맹류'로 규정하고 정부는 그들을 부정적인 악의 무리로 만들어 버렸다. 그러나 '맹류(盲流)'가 생긴 주요 원인은 국가의 계획경제로 인하여 농민들이 굶주림의 상태를 벗어나려고 했기 때문이다. 맹류현상이 일어나던 초기에는 농민들이 농한기를 이용한 단기적인 도시로 이동했지만, 농촌생산성이

1) 상시기, "'연변내기', 그 주인공은 과연 누구일까?", 연변통보, http://www.yanbianews.com/bbs/zboard.php?id=sori&page=116&sn1=&divpage=1&sn=off&ss=on&sc=on&select_arrange=headnum&desc=asc&no=188, 2008.05.29 게재.

갈수록 하락하면서 더 힘들어진 농민은 대규모로 도시로 이동하였다. 그들은 도시사람들이 기피하는 더럽고 고된 일을 도맡아 하는 도시의 최하급, 불가촉천민으로 여겨졌다. 당시에는 '맹류(盲流)'와 함께 '유동인구(流動人口)'라는 말도 사용하였다. 이러한 용어들은 농민공을 맹목적으로 도시로 흘러들어온 사람들, 정착하지 않고 떠돌아다니는 사람들로 바라보고 있다. 이러한 시선은 농민공들이 도시에서 안정적인 일자리를 얻고 정착생활 하려는 의지자체를 무시한다. '맹류(盲流)'는 도시민들에게 같은 노동자가 아닌 자신과 신분이 다른 이질적인 계층으로 보고 있음을 잘 알 수 있다.

50년대 초기 중국 계획경제의 여파로 매년 대규모 농촌인구가 굶주림 때문에 도시로 이동할 수밖에 없었다. 1952년 중앙노동취업위원회는 '농민들이 맹목적으로 도시에 흘러들어가는 것을 금지한다'고 발표하면서 '盲流'라는 부정적인 개념의 명칭을 이때부터 사용하였다. 1954년 <헌법>에는 '중화인민공화국 공민은 거주와 이주의 자유가 있다'라고 명시되어 있음에도 불구하고, 1956년 가을철 농촌인구가 대도시와 공업건설 중점지역에 유입되는 현실이 매우 심각한 문제로 대두되자, 국무원은 그 해 말에 다시 농촌인구가 맹목적으로 외지로 유입되는 것을 금지한다는 지시를 내렸다. 1958년 1월9일 全國人大常委會 제91차 회의에 통과된 <中華人民共和國戶籍管理登記條例>[2]에는 '공민은 농촌에서 도시로 이주하기 위해서는 반드시 도시노동부문의 채용증명, 학교입학증명 및 도시호구등록기관의 임시거주에 대한 증명을 해야만 한다'고 명시되어 있다. 당시 '盲流'는 농업생산과 사회치안에 큰 영향을 미쳤고 철도운송과 그 외 교통대란을

2) 中國人民代表大會, "中華人民共和國戶口登記條例", 中國人大網, http://www.npc.gov.cn, 2017. 8. 25 검색.

야기하는 심각한 문제가 불거져 국가는 더욱 강력한 금지조치를 시행하였다.

설 연휴를 맞아 귀향길에 나선 광저우의 농민공의 교통대란
[출처:*互動百科*]

1959년 3월 굶주림에 아사하는 사람들이 대규모로 발생하자 중공중앙, 국무원은 〈關于制止農村勞動力盲目外流的緊急通知〉[3]를 발표하였다. 이 규정은 농촌인구의 맹목적인 도시유입을 국가차원에서 엄격하게 제한하였는데 농민의 도시유입 금지뿐 아니라 이미 도시에 정착했던 농민들조차 강제 소환하였다. 빈곤이 극심했던 지역의 농민들은 각 지방정부에서 '盲流'라는 이름으로 허가 없이 이주했다는 이유로 한 장소에 집단 수용되었고 일부는 그 곳에서조차 굶주려 죽었다. 농촌에서 도시로의 이동을 금지한 이 규정은 도시와 농촌의 '이원화 구조'체계를 형성하게 된 지표가 되었다.

1975년 <헌법>에서 국가의 근본지침을 내세워 '공민거주와 이주

3) 中共中央和國務院, "關於制止農村人口盲目外流的緊急通知", CNKI學問, http://xuewen.cnki.net/R2006050150002121.html, 2017.8.25 검색

자유'에 대한 규정을 취소해 버렸다. 1961년-1978년 도시로 이동했던 '盲流' 농민들이 도시를 떠나 다시 자신들의 농촌 본거지로 떠나는 역도시화 시기를 거쳐[4] 1978년 개혁개방으로 대규모 농민이 다시 도시로 몰려들기 시작했고, 취업, 도시관리 등 여러 방면으로 도시주민과 충돌이 생기기 시작했다.

1995년 8월 10일 공안부는 <公安部關於加强盲流人員管理工作的通知>[5]에서 "유동인구 중에서 합법적인 증명서가 없고, 고정된 거주지, 정당한 직장이나 경제수입이 없는 사람으로 대부분 맹목적으로 도시로 나와 일을 찾거나 떠돌며 구걸하는 사람'을 '盲流' 가 아닌 '三無(세가지를 갖추지 못한)'유동인구라고 부르기 시작했다. 이때부터 '盲流' 는 정식적으로 사용이 제한되었다.

2003년 6월 농민 孫志剛사건[6]이 발생한 이후 국무원은 〈城市生活無著的流浪乞討人員救助管理辦法〉를 발표하고 다년간 이어져오던 수용송환제도를 폐지하면서 억압과 배척의 상징이었던 '盲流' 라는 단어는 중국역사무대에서 물러나게 되었다.

'盲流'가 생긴 주요 원인은 도시와 농촌의 차별 때문이었다. 넓은 중국에서 농촌인구는 많았지만 토지가 적어 대량의 잉여 노동력이 생겨난 데다 농업정책의 불안정과 파동으로 빈번하게 농민의 권익을 침범하였다. 사실상 공업은 농업을 갉아먹었고 도시는 농촌을 갉아먹는 현실이었다. 농민은 농사에 희망을 잃었고 농업생산이 늘 제자리에 머물러 본래의 생산수준으로는 이러한 열악한 환경을 이겨낼

4) 陸學藝,《當代中國社會流動》, 北京 : 社會科學文學出版社, 2004年版, 第307頁.

5) "公安部關於加強盲流人員管理工作的通知", 高頓網校, https://www.gaodun.com/guoshui/676315.html, 2014.12.22 게재.

6) 무한출신 청년이었던 孫志剛은 합법적인 증명서를 갖추지 못해 수용되었다가 구타당해 죽음에 이르게 된 사건으로 수 많은 시민과 농민공의 분노를 샀었다.

조건이 되지 않았다. 이러한 것이 '盲流'를 만들어낸 원인이다. 이런 참담한 현실에서 국가는 이런 농민들을 보살피고 위로하지 못했다. 국가는 자국 농민의 도시이주를 '盲流'라는 말로 부정했고 국가정부가 중심이 되어 농민의 자유로운 이동을 막는 정책을 시행했다. 이는 '국가중심주의' 또는 '관리자중심주의'를 대표하는 오명으로 간주했고 국가와 정부 관리들이 자신의 입장으로 농민의 이동을 바라보고 이해한 것이다. 농민들이 도시로 이주하게 된 결정적인 동기는 바로 중국이 시행한 계획경제의 결과이다. 농사를 지을 수 있는 토지는 적은데 농민인구가 많아 토지분배부족과 잉여 노동력을 양산하였다. 이 때문에 농촌에서는 젊은이들이라도 외지에 나가 일하는 것을 심각하게 고려할 수밖에 없었다. 농촌의 희생을 제물삼아 국가의 계획경제를 시행했음에도 불구하고 농촌인구에 대한 정책적인 고려가 거의 없었다.

2) 民工潮(민공조: 도시에 농민공이 넘쳐나는 현상)

1993년경부터 '맹류(盲流)' 대신 '민공조(民工潮)'를 사용하기 시작했다. '민공조(民工潮)'란 1978년 개혁개방 이후 가난한 농민들이 일자리를 찾아 무작정 상경, 대도시로 이동하는 거대한 흐름을 일컫는다.

중국은 매년 음력 정월전후 '민공조(民工潮)' 문제로 홍역을 앓고 있다. 고향으로 돌아가는 수많은 농민들과 철도와 도로 위 차들이 물결처럼 교차하는 진풍경이 벌어진다. 이를 "春運潮(설귀성물결)"이라고도 한다. 옛날 중국 사람들은 농촌은 거대한 해면이라서 오늘날 농민공들이 물결처럼 쏟아져 나와 도시의 문을 두드린 거라고 말한다. 개혁개방 이후 시장경제의 큰 흐름이 곳곳에 미쳤는데, 특히 농사밖에 모르던 농민들에게 커다란 충격을 안겨주었다.[7]

농민들의 도시이주 현상에 대해 '맹류(盲流)' 대신 '민공조(民工潮)'를 사용한 것은 큰 의미가 있다. 물론 '民工潮'라는 개념 속에도 농민의 이동현상을 나타내지만, '맹류(盲流)'와 달리 농민들의 이주행위를 보다 이성적인 행위로 간주하고 합리적인 문제해결을 모색하려는 중국정부의 태도 변화를 반영하기 때문이다.[8]

3) 打工仔, 打工妹(공돌이, 공순이)

개혁개방과 경제특구 건설이 시작된 이래로 시장경제 건설과 현대화 발전에 가속이 붙으면서 많은 노동력이 필요했다. 농촌의 잉여 노동력이 사회의 요구와 본인의 의지로 도시로 온 것은 역사의 필연적 결과이다. 농촌에서 자라 특별한 교육이나 기술을 배우지 못해 주로 건축막노동이나 제조업과 같은 고된 육체노동을 해야 했기 때문에 주로 젊은이들의 노동력이 필요했다. 대부분의 도시민은 젊은 남자노동자를 '打工仔(공돌이)', 젊은 여자노동자를 '打工妹(공순이)'라고 불렀다.

'打工仔'와 '打工妹'는 20세기 80년대 개혁 개방 초기 홍콩에서 생겨나 점차 멸시와 배제를 내포한 이름으로 심천 등 각 경제특구에서 오랫동안 지속적으로 불려졌다. 전국의 각 대도시에도 널리 전해지면서 지위가 제일 낮은 '농민공'의 전유물 같은 이름이 되었다. '打工

7) 百度百科 https://baike.baidu.com. 民工潮 검색내용 인용.

8) 王曙光,《民工熱潮》, 臺北 : 尖端出版有限公司, 1997年.

仔', '打工妹'는 주로 도시민이 '농민공'을 편하게 부르는 이름으로 정식 명칭은 아니었다.

'打工仔(공돌이)는 본래 농민공에서 분화된 새로운 개념으로 '대도시에서 임시적으로 노동하는 젊은 남자'를 말한다. 이들은 도시에서 일용직, 막노동, 낮은 학력, 저임금 등을 이유로 도시민에게 천대를 받았다. 그러나 알다시피 '打工仔' 중에서도 일부는 고학력, 고수입의 '高級打工仔(상류공돌이)', '打工皇帝 (공돌이황제)'도 존재한다.

'打工仔'라 불리는 중국의 젊은 농민공들은 국가 경제성장의 핵심 원동력이다. 그들의 노동의 대가로 중국 수출산업은 국제시장에서 강한 경쟁력을 갖게 되었다. '打工仔'에 대한 처우가 요 몇 년 사이 국가경제의 발전으로 개선되었지만 저임금, 열악한 생활환경 등 여전히 해결할 문제가 많다.

'打工妹' 역시 개혁개방 이후 중국 연해지구의 산업발달로 도시로 일을 찾아 고향을 떠나온 젊은 미혼 여성노동자를 말한다. 대부분 농촌에서 성장하고 학력이 낮아 공장의 생산라인, 요식업에서 서비스 일을 주로 하고, 특히 심천의 경제발전에 공헌하였다. '打工妹'에서 유명인사가 된 '安子'는 자신의 산문집 <안자의 하늘(安子的天空)>을 통해 광동에서 심천으로 넘어와 '打工妹'로 살았던 고단한 삶을 글로 풀어내어 유명세를 탔다.

'打工妹'라는 호칭만으로 우리는 그녀들이 농촌에서 왔고, 도시에서 일을 하며, 젊은 여성임을 알 수 있다. 농촌은 도시에 비해 낙후된 지역으로 인식되는데 이는 지식을 쌓을 기회, 안정된 일을 할 기회가 도시사람보다 적었기 때문이다. 또한 도시로 온 후에는 가난하고 힘든 생활을 이어가고 사회적 혜택이 부족하다. 부유하고 아는 것이 많고 세련된 도시사람들과 직면하는 삶을 통해 스스로 자괴감을 느낄 수밖에 없다. 농촌에 대한 이미지를 가난, 우매함, 낙후와 같은 말은 표현하는 것은 산업화된 사회가 부여한 오명으로 불공평하고 잘못된 관념이다. 그러나 '打工妹'라고 오랫동안 불러지면서 농촌사람이라는 부정적인 이미지가 자신의 고향 심지어 자기에 대한 평가라고 느끼게 된다. 농촌출신이라는 이유로 도시에서 소외되고 차별받은 것은 사실상 농촌이 산업문명의 희생품으로 전락한 것이다.

2010년 초 침체되었던 중국경제가 회복세를 보였지만 중국 연해지구에는 젊은 노동력 부족 현상이 일어났다. 현재 중국의 세계 공장 역할을 했던 동부연안 지역에서는 노동력이 매우 부족한 상황이다. 이를 표면적으로 바라보면 중국경제가 회복되어 더 많은 노동력을 필요로 하는 것처럼 보이지만 사실상 낮은 임금과 과다한 노동시간, 열악한 근무환경 등을 인내한 '打工仔'나 '打工妹'들의 인식이 변했기 때문이다. 그들은 더 이상 자신들의 노동에 대한 부당한 대우를 받아들이지 않겠다는 의지를 보이고 있는데 이것이 바로 노동력부족 현상으로 나타난 것이다. 중국의 경제발전이 값싼 노동력으로 이룬 것이라면, 이젠 노동자들의 처우개선과 복지문제 해결로 경제성장의 단 열매를 함께 맛보도록 해야만 한다.

2.2 2000년, 개혁개방 이후

1) 農民工(농민공)

개혁개방과 시장경제의 발전으로 인구유동을 제한하던 정책과 관리가 완화되면서 지속적으로 대규모의 농민들이 도시로 유동하는

'농민공'이 출현하게 되었다. 즉 '농촌호구를 가지고 타인에게 고용되어 비농업활동에 종사하는 농촌인구'를 말한다.[9]

농촌에서 도시로 온 농민공들은 도시에서 가장 힘들고 열악한 환경에서도 묵묵히 중국경제 성장을 이끈 장본인들이다. [출처: pixabay]

농민공은 현재 중국에서 가장 보편적으로 사용하는 명칭이다. 1984년 중국 사회과학원 장우림교수가 <社會學研究通訊>에 발표한 문장에 처음 출현한 이후 많은 사람에게 인용되면서 빠르게 전파되었다. 특히 2006년 1월 18일 <國務院關於解決 '農民工' 問題的若干意見>[10]은 '농민공'을 국가 정식 명칭으로 최종 확정했다. 그 이후 당의 16차 <中共中央關於构建社會主義和諧社會若干重大問題的決定>[11]에서 '국가노동기준을 엄격히 준수하고 노동보호 강화, 노동보장 감찰체계를 갖추고, 노동쟁의 협의중재기구를 조직하여 노동자, 특히 '농민

9) 陳安民, 劉曉霞, 《中國"農民工"-歷史與現實的思考》, 華齡出版社, 2006.

10) 中華人民共和國中央人民政府 http://www.gov.cn

11) 中國共産黨第十六屆中央委員會第六次全體會議, "中共中央關於構建社會主義和諧社會若干重大問題的決定", 百度百科, https://baike.baidu.com, 2006.10.11.

공'의 합법적 권익을 보호할 것이다'라고 강조하였다. 이는 '농민공'이라는 호칭이 합법적인 권익을 추구할 수 있도록 중앙정부의 중시와 관심의 대상이 된 것이다. 또한 사회적으로 농민공에 대한 관심이 높아지면서 학술, 문화, 예술계에서도 관련 작품들이 속속 등장하였다. '농민공'이라는 이름을 걸고 '농민공'과 그 문제를 다룬 연구논문이 대량 출판되었으며,[12] 대중문화인 영화, 소설, 드라마, 노래 등 다양한 분야에서도 농민공의 삶을 소개하는 작품들이 지속적으로 만들어졌다.[13] 또한 신문매체에서도 주도적으로 '농민공'이라는 호칭을 사용해 '농민공'과 관련된 사건보도를 연일 내보냈다. 이처럼 '농민공'은 현재 중국사회에서 가장 보편적으로 사용되는 개념임을 알 수 있다. '농민공'은 과거 사용했던 '盲流', '打工仔/打工妹'에 비해 국가나 사회가 '제한, 배제, 멸시, 차별'보다는 '인정, 존중'을 나타내려했지만 여전히 '농민'이라는 두 글자를 포함하고 있어 암묵적으로 여전히 농민공과 도시민의 간의 선을 명확하게 긋고 있다.

---

12) 李强 <農民工'與中國社會分層>, 盧海元 <走進城市："農民工"的社會保障>, 陳安民 <中國"農民工"—歷史與現實的思考>, 蔣月 <中國"農民工"勞動權利保護研究>, 國務院研究室課題組 <中國"農民工"跳研究報告> 등.

13) 영화로는 <工地上的女人>(2004年), <年關>(2010年), <舅舅>(2010年), <拓本>(2011年), <瘋狂的蠢賊>(2012年), <念書的孩子>(2012年) 등이 있으며, 드라마로는 <長江七号>, <生存之民工>, <泥鰍也是魚>, <民工>, <哥是農民工>, <城市的天空>, <生死民工>, <我是農民> 등 이외 다수의 작품이 출현했다. 농민공 노래로는 "求佛, 狼爱上羊, 2002年的第一场雪, 那一夜, 冲动的惩罚, 两只蝴蝶, 老婆老婆我爱你, 错错错, 不要再来伤害我, 男人就是累, 爱情买卖, 月亮之上, 香水有毒, QQ爱, 不要在寂寞的时候说爱我, 不怕不怕, 下辈子如果我还记得你, 自由飞翔, 下辈子不做女人, 要嫁就嫁灰太狼" 등이 있다.

2) 進城務工人員(도시이주 노동자)

국가통계국 집계에 의하면[14] 2016년 농민공 수는 대략 2억 8171명으로 지난해보다 424만 명이 증가했다. 이처럼 농민공은 이미 거대한 규모로 확장된 상태이다. 중국의 경제발전 원동력임에도 불구하고 오랫동안 현실생활에서는 제도적, 사회적으로 차별과 불공평한 대우를 받아왔다. 문제는 그들의 불만이 심화되면서 수많은 사회문제가 야기되고 있다. 이 때문에 국가나 사회 각 분야에서 농민공의 사회적 문제를 해결하기 위한 정책 마련에 고심하고 있다.

존 롤스의 정의론[15]에 의하면, '사회가 투명하게 공개된 정의로 관리한다면 그 사회의 조직은 정의롭다'고 하였다. 그는 모든 사람은 동등한 기본적 자유를 최대한 누려야하며, 특히 가장 불리한 처지에 있는 사람들에게 이익이 돌아가도록 해야 한다고 하였다. 그러나 중국의 '농민공'은 역사적으로 국가 정치제도로부터 배제와 차별대우로 큰 불이익을 당하는 사회구성원이며, 중국 경제발전에 기여한 공헌에도 불구하고 정당한 이익과 권리를 누리지 못하고 오히려 멸시와 배제의 대상으로 간주되었다.

---

14) 中华人民共和国国家统计局, http://www.stats.gov.cn/tjsj/zxfb/201704/t20170428_1489334.html, 2017.04.28 게재.

15) 존 롤스는《공평한 정의를 만들다-정의신론》에서 정의에 대한 두 가지 원칙을 제시하고 있다. 구체적으로 첫째, 모든 사람은 동등한 기본적 자유를 최대한 누려야한다(평등한 자유의 원칙). 둘째, 사회적 불평등은 두 가지 전제 조건 아래에서 인정될 수 있다. 우선 가장 불리한 처지에 있는 사람들에게 이익이 돌아가도록 해야 한다는 것이고(차등의 법칙), 다음으로 사회적 지위에 접근할 기회가 평등하게 부여되어야 한다는 것이다(기회균등의 법칙). 위키백과, "존 롤스", https://ko.wikipedia.org/wiki/%EC%A1%B4_%EB%A1%A4%EC%8A%A4, 2017.9.11 검색.

오늘날 '농민공'이라는 부정적인 편견과 불공평, 비합리를 담은 이 호칭은 현재 각 급 정부에서 사용하는 정책법규 문건과 담화문등에 새로운 이름으로 등장하고 있는데 그것은 바로 '進城務工人員(도시이주노동자)'이다.[16]

'進城務工人員(도시이주노동자)'라는 호칭에는 '盲流, 打工, 農民'과 같은 단어가 사라져 배척 멸시와 같은 부정적 의미와 '농민공'과 도시민 간의 명확한 구별이 드러나지 않는다. 이는 '농민공'과 도시민노동자와의 거리가 가까워지고 정부나 사회가 '농민공'에 대해 존중하고 배려하려는 의도가 잘 드러난다. 그러나 '進城(도시로 들어오다)'이라는 두 글자에도 '외부에서 온, 도시가 아닌'이라는 의미가 포함되어 있기 때문에 여전히 '進城務工人員'이라는 호칭은 도시민과는 일정한 거리를 두고 있다.

3) 新工人(신노동자)[17]

'농민공'이라는 호칭은 일반적으로 일용직노동자로 도시민이 기피하는 3D 일을 한다는 이미지가 강한 차별적인 것으로 많은 사람들이 새로운 호칭을 고민하였다. 신노동자(新工人)는 농민공을 존중한다는 의미에서 거론되기 시작했는데, 전국인민대표와 전국정협위원들은 각급 지방정부에게 장차 '농민공 노동작업실'을 '신노동자 노동

16) 2006년 3월 14일 열린 제10회 전국인민대회 4차회의에서 결의된 <中共中央關於制定國民經濟和社會發展第十一五年規劃的建議〉, 〈"十一五"規劃綱要〉에서는 여러 차례 '도시 이주 노동자'라는 호칭을 사용하고 있다.(環球網 http://china.huanqiu.com)

17) 呂途,《中國新工人迷失與崛起》, 北京: 法律出版社, 2013.

작업실'로, '농민공 노동기구'를 '신노동자 노동기구'로 바꿔 부르도록 제안하였다. 또한 '신노동자 노동기구'를 만들고 '신노동자 노동제도'를 개선하고 '신노동자 인재자원'을 개발하여 합법적인 권익 보호를 내세웠다. '신노동자'는 국가적인 차원에서 인정한 새로운 호칭으로 사회분야에서 그 사용이 늘어나고 있다.

신노동자라는 개념은 작가 뤼투의 《中國新工人 : 迷失與崛起》과 《中國新工人 : 文化與命運》을 통해 널리 알려졌다.[18] 신노동자와 비교해 일반 대중들은 농민공, 외지노동자 등이 더 익숙할 것이다. 그러나 작가 뤼투가 보기에 이러한 단어는 근본적으로 차별적 시각과 신분의 정체성이 없다고 얘기했다. 노동자면 노동자, 농민이면 농민, 이 두 가지가 함께 있는 '농민공'은 이치에 맞지 않을뿐더러 신분정체성이 없기 때문에 그동안 만나왔던 노동자들은 '농민공'이라는 단어를 인정하지 않았다고 말했다. 작가 뤼투는 인터뷰를 통해 농민공이 아닌 신노동자라는 호칭을 사용해야 하는 이유를 언급하고 있다.

18) 徐明徽, "中國新工人的處境與未來", 騰訊文化, http://cul.qq.com/a/20150514/042390.htm, 2015.05.14 게재. 《中國新工人: 迷失與崛起》는 한국에서 <중국 신노동자의 형성>으로 출간되었다. 지은이 뤼투는 중국 여러 도시를 넘나들며 노동자 54명을 만나고 그들의 고향을 찾아가 이야기를 나누며 그들의 삶 속으로 들어간 연구를 책으로 엮었다. 지은이 뤼투는 네덜란드에서 유학한 사회학자였지만, 대학교수직을 내려놓고 2008년부터 북경 외곽 마을 피춘의 공동체 '북경 노동자의 집'에서 노동자들과 함께 노동하고 생활하고 연구하며 이론적, 실천적 작업을 하고 있다.

'신노동자'를 널리 알린 작가 뤼투의 두 작품
[출처:澎湃新聞]

좁은 의미의 농민공은 농번기에는 농사일을, 농한기에는 도시로 나와 일을 하는 노동자들로 70~80년대 주를 이뤘던 노동자의 이중신분을 형용한 말이다. 그러나 시대의 변화에 따라 노동자들의 주류에 변화가 시작되었다. 농촌에서 도시로 이주한 노동자는 이미 더 이상 농사를 짓지 않는데도 사회는 보편적으로 농촌호구를 가진 노동자를 '농민공'이라고 부르고 있다. 이것이 오늘날 넓은 의미의 '농민공'이다. 그러나 농민공이라는 호칭을 바꾸지 않을 경우 여러 가지 문제가 발생한다. 첫째, 농민공이라는 단어는 결코 노동자의 신분을 제대로 반영할 수 없다. 둘째, 사람들에게 여전히 편견과 무시당하는 느낌이 든다. 셋째, 과도하게 호구를 강조하여 국가가 시대발전에 뒤떨어진 것으로 보인다. 신노동자라는 단어는 이러한 문제를 해결하기 위해 나온 말이다.

작가 뤼투가 말하는 신노동자의 개념은 특히 주체성과 관련이 있다. 일부 사람들은 농민공이라는 호칭이 익숙하고 보편적으로 사용하기 때문에 신노동자라는 새로운 호칭이 왜 필요한지 반문할지도 모른다. 이 말에도 일리는 있지만 문제가 될 수도 있다. 특히 정치적인 부분에 있어서다. 왜냐하면 언어라는 것이 원래 정치적인 것이기 때문이다. 첫 번째 작품《中國新工人 : 迷失與崛起》에서 작가 뤼투는 왜 신노동자를 사용했는지 세 가지를 들어 설명했다.

> 첫째, 지금의 농민공들은 30년 전 중국의 노동자들과 구별된다. 과거 국영기업에 속해있던 노동자들은 사회적인 혜택을 누릴 수 있었지만 현재 농민공은 도시에서 아무런 복지혜택을 누릴 수 없다.
>
> 둘째, 농민공이라는 호칭으로 사용하는 것을 절대 반대한다. 공장에서 일하는 사람은 공인이고 농촌에서 농사짓는 사람은 농민이다. 이것은 신분의 문제이다. 그러나 '농민공'이라는 단어는 오늘날 사회 환경에 너무나 많은 편견을 담고 있다. 일상생활에서 농민공은 더럽고 지저분하며 모자란 것을 의미한다. 이 밖에 더 심각한 문제는 만일 당신이 '농민공'이라면 오라하면 오고 가라하면 가야하는 그런 사람인 것이다.
>
> 셋째, 노동가치관을 각성하자는 의미를 지녔다. 이것도 주체성과 관련이 있는데 '나는 누구인가, 나는 어떤 사람이 되고 싶은가?', 이것은 상당히 중요한 문제로, '신노동자'는 바로 '나는 누구인가, 나는 도대체 무엇이 되고 싶은가?'하는 고민을 하도록 노동자들을 각성하고 촉진시켜야 한다.[19]

그렇다면 작가 뤼투는 신노동자라는 개념을 사용하는 것이 도시화에 순응한다는 의미이고, 공업화의 큰 물결 속에 농민들 보고 도시로 와 노동자가 되라고 호소하는 것인가? 그녀는 그렇지 않다고 말

19) 澎湃新聞, http://www.thepaper.cn/newsDetail_forward_1331232, 2015.5.22 게재.

했다. 다만 '신노동자'든 '신농민'이든지 간에 여기에는 모두 '나는 누구인가, 나는 어떤 사람이 되고 싶은가?'라는 문제가 존재한다고 하였다. 오라면 오고 가라면 가는 주체성이 없는 노동자가 아니라 매일 매일 어떤 시간을 보내야하는지 어떤 권익을 찾아야 하는지 이런 것을 고민해야한다고 주장했다.[20] 저자는 농민공을 신노동자라 바꾸어 부를 뿐 계급적 각성은 이뤄지지 않았다고 보았다. 그들이 각성했을 때 어떤 일이 일어날 것인지 시간을 두고 봐야하지만 2010년 경제회복 이후에도 빈번하게 일어나는 노동의 부족 현상은 바로 자본에 대한 하나의 반항일 수도 있다고 보았다.

4) 新生代農民工(신세대 농민공)

개혁개방 이후 80, 90년대 농촌에서 도시로 왔던 농민공들은 농사 외에 특별한 기술능력이 없었기 때문에 대부분 힘든 육체노동을 했다. 현재 50-60세가 된 제1세대 농민공은 전체 농민공의 17.9%일뿐 (2016년 집계[21]), 대부분 고향으로 돌아갔다. 반면 80, 90년대 출생한 2, 3세대 젊은 농민공이 중국경제사회에 새로운 노동세력으로 등장했는데 이들을 '신세대농민공(新生代農民工)'이라 부른다. 신세대농민공들의 특징을 살펴보자.

첫째, 중국의 사회 및 경제체제의 변혁기에 태어난 신세대 농민공들은 물

20) 呂途,《中國新工人：迷失與崛起》, 北京, 法律出版社, 2013.

21) 中華人民共和國國家統計局, http://www.stats.gov.cn/tjsj/zxfb/201704/t20170428_1489334.html, 2017.4.28 게재.

질적으로 비교적 풍족한 생활을 했다. 따라서 이들은 수요측면에서 생존보다는 발전을 중시한다. 이들은 도시로의 이주를 자아발전의 경로로 간주하고, 직장선택에 있어서도 임금뿐만이 아닌 미래의 전망을 중시한다. 이들은 또 미디어와 커뮤니케이션 기술의 발달로 다양한 가치관과 개방적 사고방식을 갖고 있고, 도시문명과 생활방식을 추구하고 받아들이는 동시에 이를 전파하는 역할도 한다.

둘째, 신세대농민공은 이중성을 지니고 있다. 농촌사람이 도시사람으로 가는 과도기과정에 있고 노동자와 농민의 이중신분이다. 노동으로 살아가고 노동관계, 작업환경, 노동량과 임금의 공정성, 노동조건의 개선과 임금수준의 개선, 명확한 공인특징을 지니고 있다. 그러나 도농이원화 체계의 제한으로 그들의 제도적 신분은 여전히 농민이고 농민의 후손으로 농민이란 틀을 벗어나기 어렵다.

셋째, 신세대농민공의 기대치는 그들의 부모 세대 보다 높지만 그 인내력은 약하다. 또한 이들은 농사를 지어본 경험이 없기 때문에 전통적인 농촌사회의 주변부에 있다. 반면 도농으로 이원화된 사회구조에서 비롯된 한계와 낮은 학력과 직업기술 수준으로 인해 도시에서 안정적이고 소득 높은 일자리를 찾기가 어렵다. 도시의 주류사회로도 쉽게 융화되지 못한 채 농촌과 도시의 주변부를 맴돌면서 자신의 정체성을 확신하지 못한다.[22]

22) 百度百科, “新生代農民工”, https://baike.baidu.com/item/%E6%96%B0%E7%94%9F%E4%BB%A3%E5%86%9C%E6%B0%91%E5%B7%A5/3091464?fr=aladdin#4, 2018. 1. 7 게재.

요리학교에서 선보인 신세대 농민공을 위한 직업 테마 배너. [출처:千圖網]

신세대농민공은 과거 1세대농민공과는 다른 의식변화를 나타내는데, 우선 1세대 농민공은 돈을 벌기 위해 도시로 갔지만, 신세대 농민공은 자아발전과 이상추구를 위해 도시로 갔다.[23] 1세대 농민공은 단순히 돈을 벌기 위해 도시로 이주했기 때문에 노동권익에 대한 요구가 매우 낮았고, 그들에게 사회보장 및 직업안전, 위생 등에 관한 권익보장은 그다지 중요한 문제가 아니었다. 그러나 신세대 농민공은 노동권익에 대한 요구가 상대적으로 높고, 단순한 노동기본권의 보장을 넘어 적극적인 권리로서 더 나은 일자를 요구하고 있다.

또한 신세대 농민공은 자신의 사회적 신분을 노동자라고 생각한다. 향후 계획에 대한 조사에서도,[24] 앞으로 도시지역에 거주하면서 일하다 도시에 정착하기를 바라는 신세대농민공이 절반이상을 차지했고, 자신이 속한 도시 속에 융화하기를 희망했다. 그러나 신세대농

23) 북경대 사회학과, 중국 사회과학원 사회학 연구소 그리고 농촌발전연구소가 주장삼각주지역 농민공을 대상으로 실시한 연구조사의 결과에 따르면, 도시로의 이주 목적을 묻는 질문에 1960년대에 출생한 농민공의 76.2%가 돈을 벌기 위해 왔다고 응답한 반면, 1980년대에출생한 농민공의 71.4%는 자아발전과 이상추구를 위해 도시로 이주했다고 응답했다.
SINA 新聞中心, http://news.sina.com.cn/s/2006-10-12/105710217395s.shtml, 2006. 10. 12 게재.

24) "全總關於新生代農民工問題的研究報告(全文)", 中國新聞網, http://www.chinanews.com/gn/news/2010/06-21/2353233.shtml, 2010.06.21.

민공들은 여전히 불안정한 일자리, 물가상승 속도에 못미치는 저임금으로 여러 가지 문제를 안고 있다. 또한 교육 및 직업기술이 부족해 안정적인 일자리 찾기 힘든 실정이다.

2.3. 소결

'농민공'과 관련된 호칭은 여러 가지로 나뉘는데 위에서 거론한 호칭 이외에도 '도시주변인(都市邊緣人)[25], 산업노동자(產業工人)[26], 고용노동자(雇佣工人)[27], 도시사회농민(城市社會中的農民)[28], 약세집단(弱勢群体)[29], 도시이주인구(城市外來人口), 도시유동인구(城市流動人口), 도시농업이주인구(城市農業外來人口), 도시비농업이주인구(城市非農業外來人口), 도시이주시민(城市移民), 도시농민공(城市農民工), 이주노동자(外來務工者), 이주건설자(外來建設者). 단기거주인구(暫住人口), 신이주민(新移民)' 등이 있으며 각 지방 도시민이 농민공을 부르는 말로는 '외래공(外來工), 외래여공(外來妹), 민공(民工), 품팔이(打工者), 광동에서 부르는 외래공/외래여공(捞仔/捞妹)' 등이 있다.

---

25) 謝建杜,《新産業工人階層—社會轉型中的'農民工》, 北京: 社會科學文獻出版社, 2005.

26) 吳波,《現階段中國社會階級層分析》, 北京: 清華大學出版社, 2004.

27) 鄭杭生, 李路路等,《当代中国城市社会结构》, 北京: 中国人民大学出版社, 2004.

28) 沈立人,《中国弱势群体》, 北京: 民主与建设出版社, 2005. 薛曉明,《轉型時期的弱勢群体問題》, 北京: 中國經濟出版社, 2005.

29) 郑杭生等,《当代中国城市社会结构》, 北京: 中國人民大學出版社, 2004.

농민공을 부르는 호칭의 변천을 살펴보면 중국정책의 변화와 함께 사회가 그들을 바라보는 시각과 인식이 조금씩 변하고 있고, 과거에 비해 그들을 받아들이고 존중하는 것을 알 수 있다.

'맹류(盲流)'는 중국 계획경제의 산물임에도 불구하고 정부 관리들은 농민들의 맹류 현상을 이해하고 해결하는 관점이 아닌 금지하고 억류하고 강제로 송환하는 대상으로만 바라보았다. '맹류(盲流)'는 중국의 농촌과 도시를 철저히 분리한 이원구조와 농민에 대한 부정적 이미지가 노골적으로 반영된 명칭이다. 반면 개혁개방이후 사용된 '농민공', '도시이주노동자'는 이원구조를 여전히 강조하고 있지만, '맹류'에 비해 그들의 노동 가치를 인정하는 존중심리가 깔려 있다.

또한 도시민들이 농민공에 대한 냉대, 멸시가 호칭의 변화를 통해 전환되었음을 알 수 있다. 그러나 중국 건국 이후의 제도에서 볼 수 있듯이 농민을 최하층시민으로 여긴데다 농민공 문제까지 더하면서 도시 관리와 도시민들에게 불편을 초래했다고 간주했다. 이 때문에 여전히 '농민공'은 도시에서 인정을 받지 못하고 냉대와 멸시당하는 하층민으로 분류되어 여전히 '맹류(盲流), 농촌사람(農村人), 시골뜨기(鄉巴佬)'라고 불렀다. 2004년 중앙 정부는 농민공을 중요한 산업노동자의 구성원으로 받아들여 지방정부에게 농민공이라는 부당한 호칭 대신 '도시이주노동자(進城務工人員)'로 부르게 하였다. 이는 표면적으로나마 과거 '농민공'에 대한 멸시와 불평등에 대한 전환의 시각을 반영한 것이다.

'농민공'이라는 호칭은 도시화 발달을 가속화시키는 원동력을 나타낸다. 그러나 농민공이라는 호칭은 여전히 도시민과는 분리되거나 심지어 대립적인 의미를 나타내기 때문에 일부에서는 농민공 대신 '신시민(新市民)'을 사용하고자 했다. 또는 농민공의 호칭에 '外'자를 추가해 '外來人口, 外來務工者'로 불러 도시민과의 확연한 이원화 체계를 희석시키고자 했다.

농촌에서 도시로 이주해 노동하는 사람들'에 대한 여러 호칭은 단순히 글자 자체의미가 아니라 사람들이 그들을 바라보는 시선이기도 하다. 도시사람들의 편견과 멸시, 부정적인 이미지가 함축된 호칭에서 이해와 포용, 존중하는 대상으로 불리는 호칭 변화가 반드시 필요하다. 왜냐하면 호칭변화는 궁극적으로 그 사회구성원들이 농민공을 바라보는 인식변화를 반영하기 때문이다.

3. 농민공을 바라보는 현재 중국사회

중국사회에서는 '농민공'이라는 개념 자체가 도시호구를 가진 도시민과 구분하기 위하여 만들어낸 것이고, 따라서 농민공 개념 자체가 이들이 도시민으로부터 배제되고 있다는 점을 드러낸다. 농민공에 대한 지속되는 사회적 차별로 인해 대부분의 농민공들은 도시에서 제대로 정착하기가 어려우며 거주지가 분리된 농민공 빈민촌을 형성하여 도시민의 하류층으로 살아간다. 사회적 조건 때문에 고된 노동에도 불구하고 저임금을 받고 심지어 고용주의 횡포로 임금체불이 빈번해도 해결할 방법을 찾지 못하는 이유는 바로 농민공이라는 신분 때문이다. 농민공에 대한 차별은 그들에게 주어지지 않는 도시호구와 바로 연결되어 있다. 이러한 상황을 반영하여 중국의 대부분 농민공에 관한 연구들은 호구제도와 연관된 공공정책의 차별적 적용에 초점을 맞추었다. 그렇다면 중국 호구제도의 정책적 변화가 과연 농민공들에 대한 차별을 해소할 수 있을까?

3.1 중국호구제도의 정책 변화

호구제도는 중국만의 독특한 제도이기 때문에 다른 나라에서는 호구제도를 이용한 자국 국민의 이주에 대한 차별이 나타나지 않는다. 다른 국가들에서도 물론 국가 내의 내부적 이주자들을 다양한 사회적 기제를 통해 분절된 노동시장으로 편입하는 기제가 작동하고 있지만 중국처럼 농촌 이주자들을 합법적으로 차별하는 경우는 드물다. 이러한 호구제도는 중국 고유의 특징을 가지고 있으며 호구제도를 기반으로 한 농민공 역시 중국만의 특징으로 중국에서 시행되는 호구제도와 밀접한 연관이 있다.

1949년 중국을 통일한 사회주의정권은 농민을 이용해 농업부분에서 잉여를 축적하여 산업화, 공업화에 투자하기 위해 농업을 '집단농장화'하고 토지의 비농업생산활동을 금지하였다. 또한 농민의 도시 이주를 막기 위하여 다양한 이주통제제도를 실시하였고 1958년 호구제도를 통하여 이러한 인구이동의 억제를 체계화하였다. 특히 도시의 계획경제와 배급제도를 위하여 국민을 농민과 도시민으로 구분하고 농민의 도시로의 이주를 엄격히 제한하면서 호구가 도시로 되어 있는 사람만 도시에서 거주할 수 있게 만들었다. 도시호구를 가진 사람들에게는 시정부가 일자리, 주택, 식량, 교육, 의료, 연금 등을 제공한 반면, 도시호구가 없는 사람은 이러한 혜택을 누리기 어려웠다. 1978년 개혁개방의 시기까지 농업호구가 비농업호구로 변경하는 것도 엄격하게 통제되었고, 도시로의 이주도 철저히 금지되어, 농민과 도시민의 구분은 평생 바꾸기 힘든 신분제로서의 역할을 하였다.[30] 이러한 체제를 중국에서 "城鄉二元結构(도시농촌의 이원구조)"라고 부르는데, 한 편에는 산업적 일자리와 복지에의 권리를 지닌 시민권자와 다른 한 편에는 농민출신으로 권리를 박탈당한 하류층의 이중적 구조를 의미한다. 이러한 도시민과 농민출신의 분리는 사회주의정권 수립 이후 60여년 중국의 사회, 정치, 경제구조의 근간으로 유지되어 왔다.

30) 이민자, 《중국호구제도와 인구이동》, 나남출판, 2007.

중국에서 1980년대 중반부터 수출지향 산업화가 빠르게 진행되면서 정부는 정책적으로 농민들이 저임금노동자로 이러한 공장으로 빠르게 유입할 수 있도록 만들었다. 1990년대 중반부터는 농민공이 수출 공업단지의 주력 노동자가 되었다. 대도시로 농민이 집중하는 것을 막기 위하여 대도시의 호구는 허용하지 않지만, 1983년부터 소도시에서는 농민들이 호구를 획득할 수 있도록 허용하였다. 1984년 이 농민이 스스로 식량을 해결할 수 있으면 소도시로의 정착을 허용하였다. 대도시에서도 농민의 이주를 전면 금지할 수 없기 때문에 1985년부터 3개월 이상 거주하는 농민은 반드시 '임시거주증'을 발급받아야했으며 1995년에 이르러 임시거주증 제도가 전국으로 확대되었다. 또한 1990년대부터 일부 도시에서 돈을 받고 호구를 판매하는 정책을 실시하거나, 상해처럼(1994년) 상해에 백만위안 이상 투자한 사람, 일정한 면적 이상의 주택을 구입한 사람, 상해에 안정된 직장과 고정 주거지를 가진 사람에게 남색(藍色)호구를 주도록 하였다. 이러한 제도는 심천(1996년), 광저우(1998년), 샤먼, 하이난 등으로 확산되었다. 북경은 1998년 첨단기술자나 다국적 기업 직원이 '근무거류증'을 받도록 허용하여 북경시민과 동일한 대우를 받도록 하였다. 하지만 농민공은 도시에 거주하기 위해 다양한 증명서를 발급받고 거주비용을 납부하여야 한다. 예를 들어 건강진단비용, 외지취업 허가증 발급비, 관리서비스비, 농민공 취업허가증 발급비, 시공관리비, 치안관리비, 임시거주증 발급비, 가족계획증 발급비 등을 내야 한다. 하지만 이러한 비용조차 부담스러워 각종 증명서를 발급받는 것을 기피한다.[31]

31) 이민자, 《중국호구제도와 인구이동》, 나남출판, 2007.

2003년부터는 <도시유랑자 수용 및 송환규정(1982년 제정)>을 폐지하고, <도시유랑자 구제관리방법>을 공포하여 호구제도가 지속되더라도 농민공의 도시취업 및 거주권을 합법적으로 인정하고 함부로 농촌으로 추방하지 못하도록 만들었다. 2010년에 이르러서는 많은 省들이 농업호구와 도시호구를 구분하는 제도를 폐지하고 하나의 '거주민호구제'로 통일하였다.

2010년 중국공산당 중앙위원회에서는 50만 명 이하의 중소도시에 거주하는 농민공들에게 도시호구를 지닌 주민과 같은 대우를 받고 평생 거주할 수 있도록 제안되었다. 그러나 대도시는 인구 유동성이 크고 시정부가 이들에게 지불해야하는 비용이 상대적으로 많기 때문에 아직 호구제도를 완전히 없애기는 매우 어려울 것으로 보인다. 중국은 현재 전 국민의 30%정도만 도시호구를 갖고 있어 그에 따른 사회보장, 저렴한 의료보험, 사회서비스를 제공하고 있다. 만일 도시 이주민을 차별하는 호구제도를 없애고 모든 이주민에게 해당 도시의 호구를 주게 되면 그들에게도 같은 혜택을 제공해야 하는데, 이는 재정적으로 불가능한 것으로 평가되고 있다.[32]

2015년 7월 시진핑 정부는 대대적으로 중국의 도농이원화호적제도를 폐지하고 새 호구제로 '거주민호구제'를 전면 시행했다. 그 대표적 사례로 소도시와 읍면에서 호구 취득에 따르는 다양한 규제를 전면 폐지하고 이를 통해 도시와 농촌을 구분하지 않는 인구 유동 정책과 이에 따르는 직업 선택의 자유 보장 등을 법적으로 명시했다.

---

32) 피아오광싱, 이정덕, 이태훈, <중국 압축성장 속의 농민공의 삶>, 건지인문학 제15집, 2014, p.227. Tao, Lan, "*Achieving Real Progress in China's hukou Reform*," East AsiaForum, 2010.02.08, http://www.eastasiaforum.org/2010/02/08/achieving-real-progress-in-chinas-hukou-reform/p. 2.(재인용)

그러나 농민공과 도시민의 신분적 차별이 사회정책 개정에도 불구하고 현실 속에선 여전히 진행되고 있다.

2017년 현재 약 30개省에서 농촌호구과 도시호구를 '거주민호구'로 통일하였다. [출처:每日頭條]

2017년 중국국가통계국이 집계한 자료에 따르면 북경에 거주하는 상주인구는 모두 2170.5만 명으로 이중 정식으로 북경 호구가 있는 사람은 1348.1만 명 정도에 불과하다.[33] 정식 북경 호구는 없지만 실제 북경에 거주하고 있지만 북경 호구가 아닌 외지 호구를 지닌 사람들을 '北漂(북경떠돌이)'라고 부르는데, 이들은 북경 호구가 없기 때문에 교육, 주택구입, 각종 보험 및 생활보조비 등 여러 방면에서 시정부가 제공하는 기초적인 지원정책의 혜택을 누리지 못한다.

북경 호구를 가진 도시민의 자녀들은 정부가 제공하는 의무 교육 혜택을 받을 수 있으며 고등학교, 대학교 입학에 성적 특혜를 누린

33) "2017年北京最新人口數量統計及北京人口總數", 獨特網, http://www.9d4d.com/DuTeZongHe/20170205/215838.html, 2017.02.05 게재.

다. 또한 시 정부는 매년 수천 세대에 달하는 사회 초년생과 신혼부부, 고령의 가족 등 북경 호구를 가진 저소득층에게 공용주택을 공급하는데 외지인은 이러한 저가 주택인 '保障房(일명 행복주택)' 신청 대상자에서 제외된다. 게다가 북경 내에서 직장을 다니는 사람은 호구 소지 여부에 관계없이 '직장의료보험'에 가입, 각종 보험 혜택을 받을 수 있다. 하지만 학생, 아동, 노인, 무직자의 경우에는 '지역의료보험'에 가입해야 하는데 이때도 북경 호구가 없는 외지인은 가입 자체가 불가능하다. 저소득층과 실업자를 위한 생활보조금 대상자에서도 외지인은 제외된다. 북경 호구의 소지 여부에 따라 사회복지 혜택을 지원 받을 수 있는지 여부가 결정된다는 점에서 중국의 호구제도는 의식이 있는 사람들로부터 중국식 '카스트제도'라는 비판을 받고 있다.[34]

2015년 중국 北京, 上海, 天津, 重慶, 廣州, 深圳, 武漢, 成都, 南京, 佛山, 東莞, 西安, 沈陽, 杭州, 哈爾濱 등 15개 대도시에 '누적점수호적제(積分落戶制)'라는 새로운 개념의 호구제도를 공포했다. 북경의 예를 들면, 새로운 호구제도를 취득하기 위해서는 6가지 항목을 충족해야 한다. '북경거주증 10년 이상 보유, 개인주택 또는 임대주택에서 8년 이상 거주, 북경거주증 획득 후 사회보험 10년 이상 납부, 국가중급 직장 이상[35], 전과경력 없음' 등이 이에 해당하는데 이 6가지 항목을 충족하기도 어려울 뿐 아니라 누적점수를 획득하는 것 또한 어려울

34) 성패소하, "호적으로 차별 받는 사람들, 중국식 '카스트'제도가 낳은 농민공", 네이버블로그, http://blog.naver.com/PostView.nhn?blogId=liangfl1028&logNo=220635343246, 2016.02.23.

35) 대학졸업 후 전문기술직 5년 이상 근무, 전문대 졸업 후 전문기술직 6년 이상 근무, 고졸이후 전문기술직 10년 이상 근무, 중졸 이하 학력자는 전문기술 직종에 15년 이상 근무.

것으로 예상된다.[36] 새로운 호구제도가 문제점을 해결해 줄 방안으로 기대한 시민들은 '누적점수제도'라는 이름만 달리 했을 뿐 그 점수획득에 너무 높은 기준을 설정했다고 여기며 호구제도문제는 쉽게 해결되지 않을 것으로 예상했다. 사실상 새롭게 공포된 '누적점수호적제'는 지나치게 높은 수용 기준을 내세워 지난 60년간 중국인을 도시민과 농민공으로 분할했던 호구제도를 그대로 계승한 또 다른 형태일 뿐이라는 지적이 나온다. 따라서 호구 취득에 가장 목말랐던 외지인들 가운데 사실상 해당 누적점수제의 혜택을 받을 수 없는 신분인 과거 농민공들은 호구정책변화에도 불구하고 여전히 고스란히 차별을 감수해야할 입장이다.

3.2 농민공이야기를 통해 본 자아정체성

과거 80년대부터 도시로 이동한 농민공은 정부제도에 의해 창출된 노동집단으로 임시적, 유동적 저임금 노동자이며 경제상황이 악화되면 가장 먼저 해고당하는 계층이다. 즉, 농민공은 도시와 수출공업단지가 농촌에서 젊고 능력 있는 노동력을 흡수하여 저임금으로 사용하고 늙고 약해지면 다시 농촌으로 보내는 체제로 사용되고 있다. 그래서 "打工無前途, 回鄉無意思(도시에서 노동자로 일해 봐야 전망도

---

36) 누적점수 환산은 사회보험료 납부 1년마다 3점 취득; 주택 구입 후 거주 1년마다 1점 취득; 대학학사 졸업생 15점, 석사졸업생 27점, 박사 졸업생 39점 취득; 도심 6개 지구에서 변두리로 이주할 경우 6점 취득; 최근 3년간 연평균 납세액이 10만 위안 이상일 경우 6점 취득; 기피 업종을 경영하거나 취업한 경력이 있을 경우 6점 감정 등이 포함됐다. 百度百科, <北京市居住証明管理法>, 2016. 3. 28 게재.

없고, 농촌으로 돌아가 봐야 아무런 의미도 없다)"라는 말이 농민공들 사이에 전해진다. 농민공들은 도시에는 '집'이 없지만 '농민공'이란 이름은 '결국은 농촌으로 돌아갈 사람들'이라는 의미를 담고 있다. 그래서 농민공들은 자신 스스로를 "漂泊的生活(떠돌이 인생)" 또는 "獨自一人漂來漂去(홀로 떠돌기)", 즉 홀로 표류하는 생활을 하는 유동인구로 인식하고 있다.[37] 북경 호구가 없는 사람들을 北漂(북경떠돌이)라고 부르는 이유도 바로 이것이다. 농민공들은 도시에 정착할 것이 아니기 때문에 도시에서 융화되고 권리를 주장하는 것에 대한 관심이 그다지 없다. 도시로 이주해 노동을 일삼는 농민공들은 자신의 집을 생명의 근원이라고 생각하고 집으로 돌아갈 생각에 행복해 한다. 그래서 고단한 생활을 감수하는 것은 언젠가 고향으로 돌아간다는 꿈을 꾸고 있기 때문이다. 그렇기 때문에 도시현장에서 나타나는 저임금과 멸시는 단지 일시적인 문제라고 간주한다. 저임금도 농촌에서의 돈벌이보다 많은 것이기 때문에 오히려 더 나은 상황으로 받아들인다. 또한 도시민들에게 당하는 차별과 멸시는 농민공 마음에 상처를 주지만 이 또한 도시에서 경험하는 일시적인 것으로 간주하고 버티는 것이다.

농민들에게 고향이란 "자신이 나고 자란 토지에 편안히 거하지 못하면 하늘의 뜻을 즐길 수 없고, 하늘의 뜻을 즐기지 못하면 하나의 완전한 인격체가 될 수 없다(不能安土, 不能樂天, 不能樂天, 不能成其身)"는 말처럼 인격의 완성을 자신이 나고 자란 고향과의 연관성에서 찾았던 전통적 인식을 지닌 채 돈을 벌기 위해 도시로 이주한 후 그들의 삶은 충격적인 변화를 경험한다. 농사일을 떠나 실제로는 농민이

37) 姬鐵見,《止不住的夢想一個農民工的生存日記》, 九州出版社, 2013. 国家数字文化網에서 인용.

아니지만 호적으로는 여전히 농민이며, 도시에서 일하고 살아가지만 도시민으로서 인정받지 못하는 '半농민半도시민', 동시에 '非농민非도시민'이라는 신분정체성의 혼란이 상당히 크다.

특히, 1세대 농민공(1980년대 농촌을 떠나 도시에서 노동)이 조금씩 농촌으로 돌아가고 이제는 2세대, 3세대 농민공이 주력 노동자가 되었다. '신세대농민공(新生代農民工)'이라는 명칭은 이미 몇 년 전부터 사용해 오고 있었지만 중국 정부가 공식적으로 신세대 농민공을 언급한 것은 2010년 1월 발표한 '中央一號文件'[38]에서 볼 수 있다.

1980~90년대 이후 출생한 젊은 농촌 출신 노동자들은 대부분 농사 경험이 없고 도시환경에 익숙한 신세대들로 2017년 현재 전체 농민공 중 약 49.7%를 차지한다.[39] 어린 시절부터 살아 온 도시생활에 더 익숙하고 농촌엔 이들이 돌아갈 땅도 부족하다. 즉 이들에게 고향이나 고향의 집은 단지 '기호로서의 집에 불과'[40]할 뿐 언젠가 돌아갈 곳으로 생각하지 않는다. 세계 금융위기 이후 대량의 실업 사태에서도 신세대농민공은 고향으로 돌아가지 않고 도시에 머물러 있었는데 중국 정부는 1세대 농민공과는 뚜렷한 차이를 보이는 이들을 도시에 제도적으로 정착시키지 못하고 여전히 도시 유랑민으로 떠돌게 한다면 더 큰 사회구조적 문제가 될 것으로 인식하고 있다.

---

38) "2010年中央一號文件", 中國農業新聞網, http://www.farmer.com.cn/uzt/ywj/gea/201601/t20160128_1176661_3.htm, 2016.1.28.

39) 王晓易, "新生代农民工占农民工总量49.7%", 网易新闻, http://news.163.com, 2017.05.04.

40) 김유진, "중국 농민공의 열악한 현실을 진단하는 2가지 시선", 경향신문, http://news.khan.co.kr, 2017.10.25.

어떤 사람이 학력이 높은 건 그가 어릴 때부터 그런 교육을 받을 수 있었기 때문이고, 돈을 벌 수 있었던 건 그가 돈 버는 수단을 갖고 있었기 때문이에요. 하지만 우린 어릴 때부터 그럴 기회가 없었죠, 그래서 품팔이 노동자가 된 게 개인의 탓이라는 건 틀린 말이에요. (1990년생 노동자 산산)[41]

과거 1세대 농민공은 도시를 잠시 머무는 역으로 생각하고 언젠가 돌아갈 곳은 고향이라고 믿었다. 부당한 대우나 멸시를 당해도 돈을 벌기 위해 참아야했고 그런 현실을 받아들이며 살았다. 그러나 이와 달리 신세대 농민공들은 자신들의 터전을 도시로 여기고 불평등한 현실에 명확한 자각과 날카로운 비판을 하면서도 그것을 바꿀 방법은 없다고 체념하고 무력감을 느낀다. 다만 신세대 농민공들은 개인적으로 무료한 작업을 박차고 나오고 더 나은 대우나 미래를 기약하며 끊임없이 이직하는 소극적 저항을 계속한다. 폭스콘 노동자들의 연쇄 자살이나 광둥성 난하이의 혼다자동차 노동자 파업처럼, "일단 신세대노동자가 정치 영역에서 자신의 목소리를 내기 시작한다면 거대한 변화가 발생하리라는 것을 짐작하게 하는 사건들도 잇따라 벌어지고 있다."[42]

---

41) 뤼투, 《중국 신노동자의 형성》, 나름북스, 2017.

42) 박민희, "중국의 미래를 결정할 '신노동자의 목소리'", 한겨레, http://www.hani.co.kr, 2017.10.19 게재.

4. 나오며: 변하지 않는 농민공의 현실

2017년 10월이 열린 제 19차 전국인민대회에서 국가주석 시진핑은 2020년까지 샤오캉(小康 : 모든 국민이 편안하고 풍족한 생활을 누림) 사회를 건설하겠다는 야심 찬 목표를 제시했지만 실제로 빈곤층의 생활은 더 어려워진 실정이다. 2017년 11월 18일 발생한 북경 외곽의 임대아파트에 화재가 발생해 19명이 숨진 사고가 발생하자 시 당국은 긴급화재대책을 명목으로 저소득층 거주지에 전면적인 퇴거명령을 내리고 곧바로 철거작업을 시행하였다. 그동안 중국정부와 시정부에서는 농민공에 대한 친화정책과 더불어 여러 방면의 복지혜택을 고민하고 있지만 사실상 이번 사건을 통해 알 수 있듯이 중국공안당국은 시 외곽에 사는 농민공들을 "低端人口", 즉 공식적으로 "하층민"으로 부르고 있어 농민공에 대한 사회적인 편견이 여전히 고스란히 드러난다. 그러나 엄동설한에 내몰린 농민공들로 인해 그동안 그들이 생업으로 삼았던 육체노동현장이나 택배배달, 아이를 돌보는 보모 등을 구하지 못해 어려움을 겪는 이야기가 연일 등장하고 있다.

또한 환경오염을 완화시킨다는 이유로 올 11월부터 내년 3월까지 도시의 건축, 도로, 수로 등의 공사를 전면 축소시켰다. 이로 인해 농민공의 대규모 실업사태가 일어났고 다른 일자리를 찾아 나서는 형편이다.

중국 관영 차이나데일리 21일 보도에 따르면 최근 리커창 중국총리가 서명 발표한 가이드라인은 '농민공의 도시진출로 시골에 남겨진 아이들(留守兒童)'에 대한 책임은 우선적으로 부모에게 있기 때문에 자녀를 돌보지 않아 신체 정신적 건강에 피해를 주는 부모는 처벌을 받게 되며 양육권이 박탈될 수 있다고 경고했다. 즉, 부모가 시골에 남겨진 자녀에 대해 장기적인 보호조치를 취해야한다는 것이다.

그러나 현실적으로 농민공들이 아이들을 두고 도시로 나오는 가장 큰 이유는 자녀교육에 대한 열망 때문이다. 저임금으로도 힘든 육체노동을 견뎌내고 열약한 환경에서도 극도로 돈을 아껴 쓰는 그들은 모두 자녀들의 장래를 위해 돈을 모으고 있다. 아이들을 데리고 나오고 싶어도 도시의 열악한 환경, 낮은 임금 등 아이들을 데려올 수 없는 실정에 내몰려 있기 때문이다.

중국은 2010년 이후 경제회복기를 거치면서 정치적 경제적 대국 G2로 급부상했다. 우리가 보고 있고 듣고 있는 눈부신 발전은 만들어내는 사람들과 향유하는 사람들이 극명하게 대조된다. 지금까지 중국은 농민공 문제에 대한 심각성을 알고 국가문건이나 대중매체를 이용해 농민공 호칭을 바꿔왔다. 그러나 중국은 국가차원에서 호칭을 바꾸는 것이 아무리 정치적인 목적이 있다 해도 농민공을 위한 정책을 앞세우면서 정작 도시추방정책을 시행하는 모순적인 태도는 신중히 고려해야한다. 특히 신세대 농민공, 신노동자들의 깨어있는 의식과 자아정체성이 강해질수록 새로운 대안을 제시해야 한다. 왜냐하면 1세대 농민공이 중국경제를 값싼 노동력으로 일으켰듯이 신세대 농민공, 신노동자들 역시 중국경제 발전을 지속적으로 이어갈 차세대 성장동력이기 때문이다.

참고문헌

김도경, <도시 후커우를 원하지 않는 농민공>, 성균차이나브리프, 2014.
뤼투, 《중국 신노동자의 형성》, 나름북스, 2017.
박장재, <중국 농민공의 발생 배경과 그 영향>, 중국연구 제26권 2000.
배무기, 《노동경제학(개정 2판)》, 경문사, 1999.
이민자, 《중국호구제도와 인구이동》, 나남출판, 2007.
이민자, <중국 도시의 농민공 자녀교육: 국가와 민공자녀학교의 갈등과 타협>, 동아연구, 2008.
장영석, <중국의 신세대 농민공의 계급 형성>, 동아시아브리프, 2010.
장윤미, <농민공에서 노동자로: 중국 신노동자의 정체성 형성과 자각>, 현대중국연구, 2012.
천현경, <루오웨이짱의 소설을 통해본 농민공의 자아정체성>, 중국문학연구, 2015.
피아오광싱, 이정덕, 이태훈, <중국 압축성장 속의 농민공의 삶>, 건지인문학 제15집, 2014.
피아오광싱, 이정덕, 이태훈, <중국 압축성장 속의 농민공의 삶-<한 농민공의 생존일기>로 살펴본 중국 농민공의 생활과 차별>, 건지인문학, 2016.
황경진, <중국신세대농민공의 기본현황과 특징>, 국제노동브리프 8(11), 2010.

陳安民, 劉曉霞, 《中國"農民工"-歷史与現實的思考》, 華齡出版社, 2006.
姬鐵見, 《止不住的夢想一个農民工的生存日記》, 北京 : 九州出版社, 2013.
陳金永, <中國大陸近期人口遷移流動的影響及政策探討>, 人口學刊 第19期, 1987.
陸學藝, 《當代中國社會流動》, 北京 : 社會科學文學出版社, 2004.
呂途, 《中國新工人迷失与崛起》, 北京 : 法律出版社, 2013.
沈立人, 《中國弱勢群体》, 北京 : 民主与建設出版社, 2005.
松林飛, <民工潮的形成,趨勢与對策>, 中國社會科學 第4期, 1995.
王曙光, 《中國熱潮》, 台北: 尖端出版有限公司, 1997.

吳波,《現階段中國社會階級層分析》, 北京 : 淸華大學出版社, 2004.

謝建杜,《新産業工人階層—社會轉型中的 '農民工》, 廣東: 社會科學文獻出版社, 2005.

薛曉明,《轉型時期的弱勢群体問題》, 北京 : 中國經濟出版社, 2005.

鄭杭生, 李路路 等,《當代中國城市社會結构》, 北京 : 中國人民大學出版社, 2004.

Tao, Lan, "*Achieving Real Progress in China's hukou Reform*", East Asia Forum, 2010.

楊志明, <中國特色農民工發展研究>, 北京 : 中國農村經濟, 2017.

陳一軍, <農民工小說的悲情敘事>, 嘉應學院學報, 2015.

陳一軍, <農民工小說的性敘事>, 廣東 : 湛江師范學院學報, 2014.

李强, 李凌, <農民工的現代性与城市适應-文化适應的視角>, 天津 : 南開學報, 2014.

中華人民共和國國家統計局, <2015年農民工監測調搽報告>,

http://www.stats.gov.cn/tjsj/zxfb/201604/t20160428_1349713.html

中華人民共和國國家統計局, <2016年農民工監測調搽報告>,

http://www.stats.gov.cn/tjsj/zxfb/201704/t20170428_1489334.html

20세기 중국의 姊妹愛 서사와 공간성

권혜진 (고려대학교 중국학연구소 연구교수)

1. 들어가는 말

일찍이 2011년《설화와 비밀의 부채(Snow Flower And The Secret Fan)》라는 영화가 화제가 된 적이 있다. 그 내용이 여성 간의 동성애를 주제화했다는 자극적인 기사들 때문이었는데, 정작 소설원작에서 작가가 치중한 것은 19세기 女書[1]라는 문자수단을 통해 소통하고 각기 다른 방식의 삶을 추구해 나갔던 두 여인의 성장과정이었다. 시간을 거슬러 17-18세기 쓰인 것으로 알려진 소설《聊齋志異》에서도 여성 간의 긴밀한 감정적 연대를 묘사한 단편이 발견되는데, 이 같은 사실들은 우리가 중국 문학 속에 나타나는 여성 간의 깊은 감정상의 유대나 同性 담론을 '근대성'의 도입과 결부지어 논의할 수만은 없는 이유가 된다. 이와 관련해 이야기해볼 수 있는 것이 5.4 여성작가들이 제기하는 性 담론이다. 대다수는 이것이 서구 문물에 감화된 젊은 지식인들을 필두로 한 사상 충돌의 귀결이라는 데 큰 이견이 없다. 물론 1920년대 전환기 이래 등장한 여성 동성애를 모티프로 한 작품 수가 드물었던 만큼 이와 관련한 연구사례는 드물다. 다만 이에 대해 간략히 언급하고 있는 주장 속에서도 여성 간의 동성연애나 감정적 교류를 단순한 젠더 관념을 기반으로 한 남성중심주의의 폭력성 혹은 남성과의 부조화로 인한 남성에 대한 혐오감과 거부감으로 간주하는

1) 書는 여성이 창조하고 그들 사이에서만 전해져 온 특수 문자 부호 체계이자 민간문화이다. 천 년을 훌쩍 넘는 오랜 시간동안 전승되어 오며 인류역사상 매우 오래되고 정보량이 매우 풍부한 독특하고 신기한 문화 현상으로 사유되고 있다. 관련 내용은 다음을 참고할 것. 賀夏蓉,《多重視覺下的女書及女書文化研究》, 華中師範大學 學位論文, 2011. 15-17쪽.

것이 대부분이다. 당대 여성작가의 여성 동성연애를 주제화 한 작품을 바라보는 시선 역시 男權사회에 던지는 질의와 비판, 혹은 서구의 퀴어(Queer) 이론 등의 측면에서의 성과가 주를 이루고 있어 '페미니즘'은 가히 이들을 한정짓는 주제어라 해도 과언이 아니다. 이에 1980년대 이래 중국에서 여성작가의 性 담론 연구 성과는 '문화 식민주의'로 요약되고 있기도 하다. 대부분의 연구 성과가 서구의 페미니즘 이론에 입각한 학술적 영역에 집중해 있다는 점이 문제시 된 것이다. 물론 중국 문학계 내부의 자각적인 반성을 통해 중국 문화에 대한 다양한 사회 정치적 요소를 고려한 집필시도가 있었지만 결국 강력한 체제적 통제로 인한 한계에 부딪힐 수밖에 없었다.[2] 여기서 일찍이 아나키스트 저널로 사유된 《天義·衡報》(1907-1908)를 이야기해볼 수 있다. 여기에는 晩淸 초 중국 여성주의 운동의 중요한 부분을 차지했던 何震의 주도로 다양한 관련 글이 실렸는데 구체적으로 《天義》를 교주(校註)한 劉禾(Lydia Liu)는 〈男女平等之說〉, 〈女子復仇論〉[3] 등의 문장에 나타난 개인주의에 대한 시각이 상당 부분 서구식 개인주의의 가치에 부합하는 것이었음을 인정하며 초국적 페미니즘의 차원에서 그 중요성을 피력하였다. 이는 후대에 이르러 何震의 사상이 아나르코 페미니즘(Anarcho-Feminism)으로 사유[4]되는 원인이 되며 동시에 우

---

2) Pei Yuxin, Sil-ying Ho Petula, and Mg Man Lun, Studies on Women's Sexuality in China since 1980: A critical Review, *Journal of Sex Research*, 2007, Vol.44, 207-209쪽.

3) 萬仕國, 劉禾 校註, 《天義·衡報: (上) 天義》, 北京: 中國人民大學出版社, 2016, 40-222쪽.

4) Peter Zarrow, He Zhen and Anarcho-Feminism in China, *The Journal of Asian Studies*, (47:4), 1988, 797-813쪽 참고. 아나르코 페미니즘은 아나르카 페미니즘으로 불리기도 한다. 짐작되다시피 이것은 무정부주의적 여성해방론으로서 아나키즘과 페미니즘의 합성어이다. 아나르코 페미니즘 이론에 관련하여서는

리가 20세기 중국 문학 속에 나타난 여성의 性 담론을 인류 공동의 윤리문제 차원에서 논할 필요가 있음을 반증하는 것이라 할 수 있다. 후기 구조주의 시각에서 볼 때에도 단순히 男權 중심 사회에서 억압받는 여성을 옹호하는 입장에 그칠 것이 아닌 불합리한 사회구조에 억압받는 모두에 윤리적 성찰의 태도로 다가서려는 의지는 반드시 수반되어야 한다. 이에 최근 십여 년간 서구에서는 5.4 혁명과 함께 문단에 등장한 여성 작가들의 작품, 그중에서도 젠더 문제에 치중한 작품들을 민족주의라는 사회 정치적 요소와 함께 통합적 논의를 진행하는 경향을 보여 왔다. 결과적으로 거대 담론에 매몰되어 버린 여성 개인의 육체와 성적 욕망에 관한 글쓰기[5]를 논함에 있어 필요한 것은 反봉건주의, 反남근주의, 反부권주의 등의 차원에 정주하는 것이 아닌 사회적 인간에 대한 근본적 고려라는 사실을 설파한 셈이다. 21세기 현대인에게 있어서나 한결 견고해진 패권의식으로 세계와의 공존을 도모하는 중국을 이해하는 데 있어 절실한 것도 "더욱 더 주의 깊게, 더욱 더 세심하게, 더욱 더 폭넓게, 더욱 더 수용적으로, 더욱 더 저항적으로" 읽는 독해 행위[6]이다.

요컨대 본 논문은 넓게는 최근 더욱 심화된 중국의 집단주의와 고립주의라는 중요한 두 가지 측면에 대한 고찰을 인문학적 측면에서의 논의로 확장하려는 시도이다. 이에 인간은 사회적 동물이라는 보편적 진실에서, 나아가 사회는 공간과 밀접한 관련을 맺고 있다는 사

2003년 이윤희의〈아나르코-페미니즘의 이론적 지평 - 엠마 골드만을 중심으로〉(《사회와 이론》, 1호 제2집)를 참고할 것.

5) 김은희, 〈1920년대 중국 여성소설의 섹슈얼리티〉, 『中國現代文學』 24호, 2003년 참고.

6) 에드워드 사이드, 김정하 역, 《저항의 인문학: 인문주의와 민주적 비판》, 마티, 2012, 93쪽.

회과학적 측면에서 공간이란 우리가 다양한 삶을 형성하고 또 사회를 형성하고 사회적 관계를 규정하는 데 있어 필수불가결한 조건이라는 근본 논리에 충실하고자 한다. 여기에 소수자와 배제당한 사람들의 문제를 통해 정상적인 질서의 바탕을 비판적으로 재조명하고 새로운 사고를 촉구했던 아감벤의 사유처럼, 주변화 되고 소외되었던 여성 동성연애를 주제화하고 사회정치적 큰 변혁이 이들에게 어떤 영향을 미쳤는지 그 상관관계를 밝힘으로써 개인과 집단의 주제 안에서 그 맥락을 논의하기로 한다. 이에 본문에서는 1920년대 격변의 시기에서 20세기 후반에 이르기까지 여성 동성연애를 주제화 한 작가 盧隱과 凌淑華 그리고 林白과 陳染의 소설작품을 대상으로 삼는다. 인류의 문화가 눈에 보이지 않는 무엇과 항상 관계를 유지하려 노력해 왔다는 사실처럼, 性 혁명이 하나의 사회현상으로서 공간과의 관계 속에서 읽혀질 때 그 의미도 더욱 구체적으로 밝혀질 수 있다.

2. 관념화된 공동체와 私적 영역

긍정적 혹은 부정적 측면에서든 20세기 초 '신여성'이 누리던 특권은 의심할 여지없는 새로운 사회문화적 현상이었다. 하지만 다양한 영역에서 그들의 행위가 남성 지식인에 의한 "감정의 정치학(the politics of emotionality)"의 테두리 안에 포섭되고 마는 것은 복잡했던 당대 정치 사회상과 밀접한 관련이 있다고 해야 할 것이다. 즉 '신여성'은 5.4의 기치에 어긋나는 유가의 전통 공격에서 우위를 점한 남성 문화 지식인들에 의해 적극 발견되었지만, 이러한 행위는 흔들리는 가부장적 정체성과 새롭게 출현한 모더니즘에 대한 자신의 불안한 지위를 유지하기 위한 그들 정치의 일환에 지나지 않았다는 의미이다.[7] 아이러니하게도 '신여성'을 표방했던 다수의 여성 작가들은 이러한 남성들의 정치적 전략에 적극 동참해 온 것으로 분석되고 있다. 당시 수많은 문학 속에 재현된 '신여성'은 남성 지식인들과 함께 봉건 중국 사회에 내재한 문제점을 축약해서 보여주고 있었다고 해도 과언이 아니었으니 말이다. 하지만 이러한 여성 작가들의 행위의 궁극적 의의는 오랜 시간 당연한 듯 수용되고 고착화된 사회의식을 적극적으로 까발림으로서 기존 질서에 도전적으로 다가서고자 했다는 데서 찾을 수 있다. 이 시기 동성간의 연애를 모티프로 한 작품으로는 다음 장에서 논의될 여성 작가의 몇 작품을 제외하고도 남성 작가 郁達夫에 의한 《她是一個弱女子》(1932)를 들 수 있는데 이들 작품을 한

7) Feng Jin, The New Woman in Early Twentieth-Century Chinese Fiction, *Comparative Literature and Culture*, Vol.6, 2004, 203-205쪽.

데 놓고 살펴본다면 위와 같은 주장이 좀 더 설득력 있게 받아들여질지도 모르겠다. 郁의 작품이 신여성을 표방하는 여성이 양산하는 갖가지 문제점을 전시하는 데서 그칠 뿐이라면 동시기 여성 작가들의 작품은 여성의 개성 발현과 사회와의 부조화, 그리고 그 안에서 희생된 남성의 입장까지 모두 들추어내는데 목적을 두고 있기 때문이다. 좀 더 구체적으로 이야기하자면 《她是一個弱女子》는 학창 시절에는 동성연애로, 사회에 나가서는 직업여성이자 한 가정의 아내로 활약하며 갖은 풍문을 낳은 여주인공의 불륜을 소재로 삼았는데, 작품은 불륜으로 처참한 상황에 놓인 아내를 두고 "그녀는 약한 여자일 뿐입니다."라는 동정 발언으로 여성을 구해내려는 의지를 보이며 끝을 맺는다. 이처럼 작품은 신여성의 새로운 면모와 사회진출을 긍정적으로 바라보는 듯 하지만 결국은 비판적으로 돌아서고 마는 남성 지식인의 이중성이 발휘된 결과라는 혐의에서 자유로울 수 없다. 다시 말해, 신여성의 끝이 고작 불륜으로 인한 폭력의 희생자가 되는 것이며 퇴폐성의 상징이 된 신여성을 '연약한 여성'이라는 이유로 감싸 안는 남편에 대한 묘사는 다시 회복된 男權과 이에 다시 한 번 전도된 여성의 주체성에 다름 아니다.[8] 요컨대 '감정 정치'로 불리는 앞선 논의는 이 시기 여성작가의 性 논의가 특정한 정치 사회적 배경 속에서 이루어져야 함을 역설한 것으로서, 여성의 반복된 자기희생의 차원을 넘어 젠더와 계급의 경계를 분명히 하려는 '사회 공동체' 그리고

---

8) Larson은 그녀의 문장을 통해 이 시기 남성의 주체성 표현이 전근대적 엘리트 지식인의 전통이 품격 있는 감성 특징을 지닌 문학 작업 속에서 자주 환기되었다는 자신의 견해를 밝힌 바 있다. Larson, Wendy, Susan Brownell and Jeffrey N. Wasserstrom ed., "The Self Loving the Self: Men and Connoisseurship in Modern Chinese Literature", *Chinese Femininities/ Chinese masculinities: A reader*, Berkeley: University of California Press, 2002, 175-193쪽 참고.

인간으로서 마땅히 누려야 할 여성의 '私적 영역'사이의 불편한 관계에 대한 논의로 확대될 수 있는 여지를 남겼다 할 수 있다.

茅盾에 의해 5.4 여성작가로 거론되며 창작 제재의 한계성을 지적받았던 廬隱이 최근 연구자들의 주목을 받기 시작한 것도 이러한 측면에서 새롭게 조명된 그녀만의 수사법 때문이다. 이들은 대체로 廬隱의 '同情' 개념에 기반 한 서사가 독자의 지속적인 감정 참여를 위한 도덕적 긴요성을 분명히 표현해 냄으로써 여성에 대한 5.4 문화적 서술에 도전하는 전략을 펼쳤다는 데 동의한다.[9] 일찍이 錢杏邨 역시 廬隱의 서사가 여성의 개인적 삶과 감정에 제한되었다는 비판에도 불구하고 감정적이고 반사적인 여성 공동체와 여성 주체성의 중요한 위치를 구축하는 것 모두를 가능케 하였다는 긍정적인 분석을 내놓은 바 있다.[10] 실제 廬隱이 同情에 대해 본질적으로 소아(小我, 개인)와 구분되는 대아(大我, 사회)의 감정으로 이야기하며, 문학 창작이란 우주와 일체되는 감정으로 독자를 움직일 수 있는 힘을 갖는다[11]고 했던 것 역시 위와 같은 주장에 힘을 실어 주고 있다. 이는 동정 서사 전략에 내포된 작가의 궁극적 의도를 엿볼 수 있는 부분이다. 낡은 의식과 관습에 묶여 있는 여성들을 이야기할 때 다양한 사회활동이 남성만을 위해 특별히 설계되어 있는 듯하다[12]는 발언에서 확인되는 것도 작가의 각기 다른 의식 속에 양립하는 사회와 여성의 위치이듯이, 廬隱의 동정 서사는 소위 "꽃병의 시대"를 깨고 여성만의 私적 영

9) Dooling, Amy D. *Women's Literary Feminism in Twentieth Century China*, New York: Palgrave Macmillan, 2005, 87쪽.

10) 錢杏邨, 《當代中國女作家論》, 上海光華書局, 1933, 256쪽.

11) 廬隱 著, 中國現代文學館 編, 〈花瓶時代〉, 《中國現代文學百家: 廬隱代表作》, 華夏出版社, 1999, 465쪽.

12) 廬隱, 〈論婦女平民教育〉, 上海: 商務出版社, 1928, 10-11쪽.

역을 도모하기 위한 전략으로 이해될 수 있다.

한편 胡適이 1923년을 기점으로 사회를 반개인주의와 집단주의(collectivism)의 두 시대로 나누고 1923년 이후의 민족주의 운동과 공산혁명운동 모두 이 反개인주의 경향에 속한다고 서술[13]한 것은, 당시 국가적 차원에서 당연시 된 개인의 희생에 주목한 결과이다. 개인이라는 단어가 배척되는 이러한 사회 분위기 속에 등장한 凌淑華의 〈說有這麼回事〉(1926)는 앞서 발표된 廬隱의 중편《海濱故人》(1922)과 〈麗石的日記〉(1923)에 나타나는 여성 간의 깊은 정감 교류를 넘어 서로의 신체를 관찰하는 수준으로까지 발전하며 사회와의 타협 불가의 의지를 한층 더 거칠고 저항적으로 드러내고 있다. 이는 전통적인 가부장적 체제에 균열을 가져온 사회·문화·정치·경제 등에서의 제반 위기를 공산주의라는 또 다른 집단체제를 통해 모면하고자 했던 당시 시대상에 대한 여성의 인간적 절박함의 수준을 짐작케 한다. 그것은 "나는 내 몸이다."라는 말로 몸의 철학을 주장했던 누군가처럼 또 다른 측면에서 나 자신을 생각하는 주체성에 대한 발현으로 볼 수도 있겠다. 특히 여성들이 남성 또한 여지없이 주체성을 박탈당한 피해자로서 고발되고 있는 사실은 그들을 남성이 아닌 온전히 인간존재로 인식하는 두 작가의 의식세계를 여실히 드러내주는 부분이라 할 수 있다. 이에 凌淑華에 대한 평론 역시 상기 廬隱을 바라보는 관점을 크게 벗어나지 않는다. 凌淑華의 글쓰기는 관념화된 사회구조에 가까이 접근함으로써 가부장적 억압에 대한 사람들의 관심을 환기하는 글쓰기라는 것이다.[14]

---

13) 胡適,《胡適的日記》(第11冊), 臺北:遠流出版公司, 1990.

14) Chow Rey, "Virtuous Transactions: A Rereading of Three Stories by Ling Shuhua.", *Modern Chinese Literature vol4*, 1980, 353쪽.

만약 상기 작품들이 5.4 혁명의 중심에서 크게 치솟았던 '여권주의'에 대한 관심이 국가를 위한 하나의 공동체 구축이라는 구호 속에 시들어 갈 때 발표된 문장이라는 사실을 감안한다면, 동성연애는 여성의 인간이기를 원한 최대 표현 치로서 관념화된 공동체 사이의 대립관계 속에서 이해될 수 있는 문제이다. 진정한 개인으로 거듭나기 위한 여성의 내적 욕망을 짓밟는 가부장적 억압이 가족을 가장한 거대한 혈연과 정권의 복귀(민족주의) 즉, 구체제의 이상적인 복귀와 동일시될 수 있다면,[15] 이는 결국 무질서와 혼돈을 인내하지 못하는 사회의 동일성을 향한 의지와 이에 희생된 여성의 私적 가치 사이의 문제이다.

20세기 후반 林白과 陳染의 동성연애를 소재로 한 소설 역시 廬隱과 凌淑華 작품의 연장적 측면에서 이해될 수 있다. 다만 廬隱과 凌淑華를 한 인간으로서 마주했을 때 1920년대 소설은 그들이 잠시나마 느꼈던 인간적 존엄성을 향수하고 갈구하는 복잡한 내면이 서툴게 표출된 결과라고 해야 할 것이다. 하지만 林白의 글은 '비정상적'인 性 경험을 기록했다는 도덕적인 비판과 포스트 마오 시대에 젠더서사 부활의 작업이라는 찬사 사이에서 여전히 논란의 중심에 서 있다.[16] 하지만 林白 스스로 자신은 매체 속 외부적인(자신의 내부적인 것에 반대하여) 사회 정치적 문제에 많은 관심을 기울이지 않는다면서 자신의 작품에 의문의 여지가 있다면 그것은 우리의 삶이 그러하기 때문이라는 소회를 밝힌 바 있다.[17] 이 같은 사실에 비추어볼 때 그녀의 동

15) Eileen Chang, John Wakeman ed., *World Authors 1950-1970: A companion Volume to Twentieth Century Authors*, The H.W.Wilson Company New York, 1975, 298쪽.

16) 樂鑠, 〈90年代女性私小說"性別"弱視〉, 《中國文化研究》, 1999年.

17) Suman Gupta ed., "Li Rui, Mo Yan, Yan Lianke and Lin Bai: Four Contemporary Chinese Writers Interviwed", *Wasafiri*(23:3), 2008, 36쪽.

성연애 서사는 인간의 개성을 포함하는 의미에서의 성(sexuality)을 가시화하는 문제로서 이때 나타나는 性 억압은 그 안에서 언제든 문제시될 수밖에 없는 보편적 사회현상으로 간주되어야 한다. 陳染의 글 역시 기존 삶에서 남성 중심의 기준과 가치를 타도하기 위한 性 초월에 목적을 둔 것으로 평가되는데 陳染의 자술에 비추어 볼 때 충분히 수긍될 수 있는 내용이다.[18] 그중 陳染의 서사가 尋根 문학이나 포스트모더니즘과 같은 시대적 이데올로기와는 관련 없이 어떤 '잠재성(潛性)'을 갖고 있다는 王蒙의 관찰은 매우 중요하다. 王에게 있어 陳染의 작품은 '잠재성'을 지닌 '벽이자 문이고, 벽도 문도 아닌 패러독스'로 인식되는 대상이기 때문이다. 다시 말해 陳染의 서사방식은 이미 오랜 시간 주위에서 발생하는 일에 무감각해진 모두에게 낯설게 여겨질 수밖에 없겠지만, '다름(異態)'에 대한 독특한 관심으로 존재하는 모든 것에 대한 가능성을 추구하는 가히 중국 문학의 변수라 할 만하다는 것이다.[19] 사실 지금까지 林白과 陳染의 국내외 논의가 주로 《一個人的戰爭》(1994)과 《私人生活》(1995)에 집중되어 온 만큼 둘의 동성연애 서사를 상기 주장과 같은 맥락에서 논의할 수만은 없을 것이다. 하지만 본 연구자는 20세기 후반 林白과 陳染의 동성연애 서사 역시 진정한 私적 공간을 찾아 나선 여성의 순수한 인간적 욕구의 일환으로 사유한다. 1990년대 중국 당대 여성작가의 소설에 나타나는 여성성 감소 현상이 중국정부의 주도 아래 남녀의 생리 사회적 특

18) 陳染은 〈陳染自述〉에서 개인적 글쓰기가 자신에 대한 글쓰기에 지나지 않는다는 것이나, 범위가 좁다는 데 대한 반대의 입장을 드러내며, '작은' 주제는 인간 존재에 대한 '커다란' 주제를 파헤친다는 개인적 견해를 드러냈다. 덧붙여 개인적 글쓰기는 사회에 필수적이며 소설은 개인적 글쓰기에서 시작되어야 함을 소신 있게 밝혔다. 陳染, 〈陳染自述〉, 《小說評論》, 2005, 35-37쪽 참고.

19) 王蒙, 〈陌生的陳染〉, 《讀書》, 1996年5期, 104-106쪽 참고.

징을 무시하면서 발생한 결과라는 주장도 거시적으로는 王蒙의 견해와 맞닿아 있다. 즉, 문화대혁명의 종식과 함께 여성성 상실을 주제로 한 작품들이 쏟아져 나온 것은 타의적인 여성성 상실로 인한 반사적인 결과라는 분석은[20] 여성성의 감소는 인간 고유의 本性을 억압당한 결과라는 의미로 달리 말할 수 있다.

요컨대 李澤厚가 신문화 운동을 "다시 구체적이고 격렬한 정치개혁안으로 돌아온 것"으로 평가하며 중국 근현대사를 救國과 계몽의 이중 변주로 표현한 것은 신문화 운동과 문화대혁명 이후 중국 사회에 나타난 다양한 공통적 현상에 근거한 결과이다.[21] 다시 말해 '인민을 위한 주인'을 주창했던 1920년대와 문화대혁명 시기 모두 뿌리 깊은 중국인의 전통문화 의식 즉, 개인성을 말살하는 집단의식과 밀접한 연관을 이루고 있다. 20세기 중국에서 발생한 굵직한 두 사건을 전후로 개인의 주체성을 중심으로 한 서사방식에 대한 고찰은 이 같은 사실을 보다 분명히 밝혀주고 있다.[22]

---

20) 안병삼, 〈한중 당대 소설 속의 여성성 감소 현상 비교 연구〉, 한민족문화연구 제21집, 2007년, 195-204쪽 참고.

21) 리쩌허우, 김형종 옮김, 《중국현대사상사론》, 한길사, 2005년, 25-101쪽 참고.

22) Jin Siyan, Subjective writing in Contemporary Chinese Literature: The "I" has taken over from the "we" omnipresent until the late 1970s, *China Perspectives Vol.54,* 2007.

3. 체제의 공간과 주체의 공간[23] 사이에서

5.4 혁명의 의의가 개인 중심의 시대 형성에 그치지 않는 것은 신문화 운동이 추구하던 계몽의 실질적 목표가 구망(救亡)의 주선율을 벗어나지 못한 채 국가와 사회 집단의 개조와 진보를 지향하고 있었다는 사실에서 찾을 수 있다.[24] 전통 가부장적 가족 제도가 공산주의 이념 속에 흡수되면서 사회는 여전히 여성들이 쉽게 진출할 수 없는 공간으로 재탄생할 수 있을 뿐이었고, 여성들은 자기다움이 발현되는 공간 창출을 위한 고민으로 점점 더 내면으로 침잠할 뿐이었다. 이번 장에서는 20세기 초 대표 여성 작가 廬隱의 중편 소설《海濱故人》(1922)과 〈麗石的日記〉(1923), 凌淑華의 〈說有這麽回事〉(1926)의 작품을 통해 여성의 주체성이 구축되는 양상을 논의하도록 한다. 이들은 심오한 여성 간의 정감 상의 교류를 근간으로 하고 있어 동성애 작품으로 분류되지만, 그 양상을 자세히 들여다볼 때 姊妹愛로 불리는 것이 더욱 적절하다. 이러한 내용을 차치하고서라도 당시 특수한 시대적 상황은 여성의 동성연애 욕구를 그 무엇도 아닌 보통의 삶을 지켜내고자 했던 인간의 관성적 몸부림으로 이해될 수 있는 여지를 남겼다 할 수 있다. 이는 문학이 존재에 대한 치열한 고민 끝에 탄생한 양

23) 체제의 공간(space of system)은 체제에 의해 규정되며 체제의 힘이 작용하는 공간을 말한다. 주체의 공간(space of subject)은 주체의 역할, 자유의지, 실천이 조장되고 구현되는 공간으로서 행위자의 의지가 관철되고 또한 자기다움이 발현되는 공간이다. 조명래 지음,《공간으로 사회 읽기: 개념, 쟁점과 대안》, 한울, 2013년, 49쪽, 재인용.

24) 리쩌허우, 위의 책, 25-101쪽 참고.

식이라는 측면에서 그 본질에 다가서고자 하는 본 논자의 순수한 발상으로 보아도 좋겠다.

먼저 여성 작가들의 대거 등단과 함께 적극적으로 표면화 된 여성 문제가 사회를 풍미한 그 때, 왜 여성 간의 동성연애이어야 했는가에 대한 의문에서 시작해보자. 1922년 창작된 廬隱의《海濱故人》는 형언할 수 없는 여성 간의 단단한 우애를 세밀하게 그려내고 있음으로 여성 공동체의 형성을 도모한 작품으로 간주될 수 있다. 하지만 이에 앞서 우리는 이것이 동일한 이해관계와 경험을 갖는 여성만의 특수한 입장 위에서 시작되고 있다는 사실에 주의해야 한다. 작가는 露沙, 玲玉, 蓮裳, 云青, 宗瑩 다섯 명의 여 학우들을 女郎이라고 소개하며 그들이 해변 마을에서 함께 여름방학을 보내는 장면이 "얼마나 아름다운 화면인가!"라며 글을 시작하였다. 이어지는 내용에는 뚜렷한 개성과 함께 포부로 충만한 그들이 다양한 고민을 통해 성장하고 사회에서 겪게 되는 혼란, 부적응, 타협, 순응 등 각기 다른 삶의 질곡들이 차례로 서술되고 있다. 여기서 그들의 고난과 역경은 주로 자유연애와 전통 가족 사상의 충돌로 인하며, 누구 하나 예외 없이 마주하게 되는 비극은 "사람 노릇하기 정말 힘들다!(作人眞苦啊!)"는 주인공의 발언처럼 한층 더해진 삶의 무게로 여성독자들의 마음을 무겁게 짓누른다. 작가는 전지적 시점의 露沙의 입을 빌려 이들이 추구하는 최고의 목표가 "정신상의 안정과 즐거움"임을 누차 강조하며 그들의 일상에 밀착한 신변 상황을 부단한 대화와 독백으로 빽빽이 채워 나간다. 사교와 함께 시작된 이성과의 연애 그리고 동시에 깊어진 각자의 번민 속에서도 그들은 여전히 서로 간의 사랑을 확인하고 천진 발랄한 "본성(本性)"을 잃지 않는 것으로 서로를 위안했다. 하지만 시간의 흐름에 따라 각자의 세계관도 변해갔고 宗瑩과 玲玉 역시 그들의 대오에서 사라져버렸다. 결혼으로 우정의 끈을 쉽게 놓아버린 두 사람에게 크게 실망한 露沙는 "세상일은 본래 이러하거늘. 사람을 믿은 결과로 고독함의 고통을 피할 수 없고, 사람을 믿지 않는다고 한들 세상의 고독을 느끼는 것은 여전하지. 결론적으로 쉽게 변하는 사람에게 안정을 구하는 것은 기댈 만한 게 못 되는 거야."[25]라며 스스로를 위안하고자 한다. 결국 이들 사이에 존재하는 사랑이란 서로의 진정한 존재적 가치를 알아줌으로 세상의 번뇌를 잊고 인생의 즐거움을 함께 누릴 수 있음으로 인해 가능한 것이다. 시종일관 "정신적 위안", "정신적 유쾌함", "정신생활" 등 개인의 정신적 안위 추구가 최상의 가치로서 서술되고 있는 것 또한 공동개념에 질식된 사회의 속박에서 벗어나 자아를 양성하고 진정한 개인으로 거듭나고자하는 작가의 외침이라 할 수 있다.

계속해서 작가는 云青이 이전 玲玉과의 대화를 회상하는 문장으로 독자의 주의를 환기한다. 玲玉이 자신에게 "동성의 性과 이성의 性은 분별이 없는 거야."라는 말을 하곤 했는데 한 번은 云青이 그녀의 생각에 반대하자 玲玉이 화가 나 울음을 터뜨리기까지 했다는 내용이다. 당시 중국인에게 있어 '性'이란 하나의 개인, 개체를 전제하는 개념이 아닌 생식능력에 근거한 의미였다고 할 때, 玲玉의 발언을 통해 우회적으로 표현된 性이란 작가에게 있어 인간의 本性과 관련된 철학적 의미로 인식되고 있었음을 알 수 있는 부분이다. 하지만 '性'의 근원에 대한 남다른 철학을 갖고 있던 玲玉 마저 집단에서 인륜을 찾는 비정상적 중국 사회에 굴복한 사실은 아득한 절망감만을 남겼고, 결국 《海濱故人》은 露沙가 항전투사로서의 앞날을 결심하고 다섯 동

25) 廬隱, 《廬隱小說精選集: 海濱故人》, 安徽文藝出版社, 2015, 139쪽.

창들이 기약 없는 만남을 기다리는 비극으로 종결되었다. 이때 露沙를 제외한 모두가 "해변의 옛 친구들(海濱故人)"이라고 쓰인 집 앞에 모여 옛 일을 추억하며 고통스러운 눈물을 흘리는데 云青이 "해변의 옛 친구들이여! 또 언제나 천부적 재질이 돌아올지 모르겠구나!"라는 문장으로 마지막을 알리는 이 장면은 체제적 공간으로 흡수되어 버린 그들의 나약함, 어쩔 수 없음 그리고 한편으로는 미래에 대한 기대라는 다소 다양한 해석의 가능성을 남겼다.

廬隱의 또 다른 단편소설 〈麗石的日記〉(1923)에서는 여성 간의 동성연애 추구가 이전의 작품에 비해 좀 더 가시적으로 표현되었다.

> 나는 이성에게 위안을 바란 적 없어. 그들(이성)과의 교제는 늘 자유롭지 못하게 느껴졌기 때문이야. 沅青은 나를 몹시도 동정해. 그래서 우리 둘의 평범했던 우정은 동성연애(同性的戀愛)로 발전했지.[26]

정도의 차이가 있을지언정 여성으로 태어난 모든 존재에게 피해자이자 진실을 이야기하는 여성으로서의 태도는 필연적으로 그들이 공유한 태도이다. 여주인공 麗石과 沅青도 예외는 아니어서 그들은 작품 속에서 역시 복합적이고 모순적인 역사로 동질화된 문화적 실체로 존재한다. 활기 넘쳤던 동창 雯薇가 결혼 후 초췌해지고 끝까지 자신의 소신을 지키며 버티던 海蘭이 "명교(名教)의 속박"에 흔들리면서 麗石은 물론 沅青과 명백한 대척점에 놓이는 것은 여성 간 서로를 묶어주던 몰역사적인 억압과 이에 대한 투쟁이라는 동질성에서 소외되어 버린 그들의 존재를 대변하는 것이라 하겠다. 하지만 보다 명확한 작가의 비전은 "영혼의 위안"을 구할 수만 있다면 무시무시한 결

26) 廬隱, 〈麗石的日記〉, 《中國書籍文學館 大師經典: 廬隱精品選》, 中國書籍出版社, 2014, 116쪽.

혼을 절대 하지 않을 것이라는 沅青의 말이나 고상한 뜻을 가졌던 欣於가 생계의 압박에 한 당파의 앞잡이가 된 것을 두고 인격을 내팽겨친 결혼의 결과라고 한 것이나, 전통적인 집안의 강압에 부딪쳐 한 남성과 혼인을 해야 하는 사실에 큰 충격을 받아 "사람 노릇하기 힘들다."는 沅青의 고백을 통해 보다 분명히 드러난다.

> 麗石야, 지난날 우리의 생각은 정말이지 어린 아이 같았어. 동성 간의 연애는 결국 사회에서 용납될 수 없을 거야. 나는 네가 좀 더 빨리 깨닫기를 바라![27]

작가는 남성과 여성이 모두 해방된 사회에서 살아가야 한다는 믿음을 토대로 가부장제와 국가라는 이중적 억압을 뛰어넘는 사회를 지향했던 것으로 보인다. 麗石은 의지를 굽힌 沅青을 두고 자신이 원한 것은 "정신적인 위로"였을 뿐인데 인간의 감정은 너무도 쉽게 변해버린다며 자조할 수 있을 뿐이다. 궁극적으로는 수천 년의 시간을 통해 형성된 사회의 그물망을 풀어낼 힘이 없는 자신의 보잘 것 없음, 그리고 그런 그물망에 포획된 참여자에 불과한 자신의 처지에 대한 조소일 것이다. 작품은 麗石의 生이 이제는 돌이킬 수 없는 과거의 일이 되어버린 이유가 沅青으로 인해 치유할 수 없는 상처를 입고 괴로움으로 신음하다가 초래된 결과라는 암시로 끝을 맺었다. 그 안에서 누구도 남성의, 사회의, 국가에 대한 체제를 초월할 것을 제안하지 않았다. 다만 "유토피아와 같은 불가능한 삶이 아닌, 인생에서 마땅히 얻어야만 하는 삶을 갈구했을 뿐"(《海濱故人》)인 그들이 각기 다른 측면에서 택한 죽음은 무엇보다도 강한 여운을 남겼다. "모두가 학생이 되는 시대, 중대한 책임감 없이 하물며 온갖 환경의 지배를

27) 廬隱, 〈麗石的日記〉, 위의 책, 120쪽.

받아야 하는 사회에 뛰어들고 나면 기계가 되는 것 밖에 더 되겠어?" (《海濱故人》)라는 작가의 발언이 더욱 의미심장하게 들릴 수밖에 없는 이유이다.

凌淑華의 〈說有這麼回事〉(1926)는 앞서 논의한 〈麗石的日記〉와 매우 유사한 서술 양상을 보인다. 앞선 작품들과 비교했을 때 남녀의 신체적 성차를 부각한 서사가 발견된다는 점은 그 차이점으로 제시될 수 있겠지만 이 역시 청년들의 존재적 고민과 방황이라는 차원을 크게 벗어나지 않는다는 점에서 유사한 작품 경향을 띤다 하겠다. 작가는 학교 행사로 각각 로미오와 줄리엣의 배역을 맡은 동창 影曼과 雲羅를 주인공으로 내세워 본격적인 서사에 나서는데 둘의 배역은 그들의 삶에서도 그대로 재현되고 있어 흡사 실제 남녀의 애정 스토리를 보는 듯한 착각을 불러 일으킬 정도이다. 게다가 影曼은 雲羅보다 한 학년 높은 선배로서 키가 크고 농담을 좋아하며 활달한 북방사람으로 소개되고 있고 雲羅는 연약하며 예쁘장하게 생긴 수줍은 소녀로 묘사되기까지 한다. 하지만 "내가 여자가 아니라면 어떨까?", "너는 왜 남자가 아닌 거니!", "세상일은 사람만이 할 수 있는 것인데 우리는 어째서 영원히 함께 할 수 없는 거야?…너에 대한 나의 사랑은 어떤 남자보다도 믿을만해, 더욱 오래 지속 될 거야. 너는 분명 나를 이해하고 있겠지? 나에게 시집왔다 셈 치면 안 될까?"라는 서로를 향한 애틋함이 말해주듯이 이들의 관계가 원활히 지속될 수 없는 것은 '전통' 관념 속에 자리한 유학적 세계관 때문이다. 스스로가 배우자를 선택할 능력을 상실하고 부모나 친지가 그 역할을 대신하는 현상이 말해주는 것은 다름 아닌 本性의 억압과 상실이기에 이들의 문제는 이내 개인과 집단의 문제로 환원된다. 이후 작가는 影曼의 꿈속에서 정신이 나가 죽은 사람처럼 등장하는 雲羅의 이야기로 雲羅 영혼의 죽음과 둘 사이의 교류 단절의 소식을 알렸고 작품은 돌아오지 않는 雲羅을 그리워하던 影曼이 실성한 듯 묘사되며 종결된다.

요컨대 20세기 초 전환기 여성들은 교육의 수혜자가 되어 인간의 가치와 존엄에 대해 사유할 수 있는 계기를 마련하였다. 하지만 당시 사회는 중국의 존망과 행복이 너의 마음에 달렸다는 말로 다시 한 번 개인의 주체적 역할을 강탈함에, 차츰 私적인 것을 부정적인 것으로 취급하는 분위기를 형성해 나갔다. 국가를 위해 자신의 자유와 권리를 포기할 것을 권하는 흐름 속에서 가장 큰 피해자는 역시 다시 한 번 희생된 여성이었다. 다만 앞서 살펴본 작품 속에서 거대한 민족주의에 대한 진지한 도전의 발언이나 체제를 초월하고자 하는 적극성이 발견되지 않는 것은 선택의 자유를 박탈당한 그들의 순수한 인간적 입장이 반영된 결과라고 해야 할 것이다. 이들은 세상사를 염려하지 않는 정신적 쾌락에 최고의 가치를 부여하고 비정치적이고 私적인 삶의 방식[28]을 추구함으로써 자신의 소신을 끝까지 굽히지 않았다. 결국 이 시기 여성 간의 심오한 우애의 층위 그리고 그것이 동성연애로 진화하는 계기는 건강한 자율적 주체를 희망하던 여성이 개인성을 억압당하고 인정받을 수 없던 사회 체제에서 비롯된 결과에 다름 아니다.

28) 아렌트에 의하면 쾌락주의는 오직 신체의 감각만이 실재적이라는 비정치적이고 사적인 삶의 방식 구현으로서 에피쿠로스의 "숨어 살며 세상사를 염려하지 않는다."를 충족하는 것이다. 한나 아렌트, 《인간의 조건》, 한길사, 2015년판, 169쪽.

4. 사회적 공간과 상징적 공간[29] 사이에서

20세기 후반 性 윤리가 해체의 대상이 되고 전 세계가 사회문화적 변동 속에 혼란스러웠던 그때 중국은 여전히 집단의, 집단에 의한 꿈속을 해매이고 있었다. 이에 1980년대 중반 중국 여성작가에게서 발견되는 다양한 문학적 경향을 두고 "모두가 같은(都一樣)" 이념적 오류를 바로잡고자 하는 의도라는 시각과 서구 페미니즘 이론의 영향을 받은 것이라는 주장이 있었다.[30] 혹자는 1990년대 중국 당대 여성작가의 소설 속에 나타난 특징을 여성성 감소로 보며, 이것이 궁극적으로는 신 중국 수립이후 정부적 차원에서 시행된 男女平等 정책이 초래한 결과라고 주장하기도 했다.[31] 결과적으로 앞선 주장과 유사한 이해의 층위에 있지만 그가 대표적인 예로 들고 있는 작품 속 문장[32]은 이러한 현상이 여성성 상실에서 더 나아가 인간의 윤리적 차원의 문제로 귀속될 필요가 있음을 명시적으로 대변하고 있다. 기존 구세대의 관습과 문화를 해체하고자 하는 시대의 흐름 속에서 급진주의 페미니즘이나 동성애가 동시에 출현했던 역사처럼 우리는 이 문제를

29) 사회적 공간(social space)은 사회적 관계나 제도의 작용에 의해 형성된 비가시적·인식적 공간을 말한다. 상징적 공간(symbolic space)은 상징, 이념, 사고, 개념 등으로 구성된 비가시적·인지적·해석적 공간을 말한다. 조명래 지음, 앞의 책, 48쪽.

30) 樂爍, 앞의 논문, 111쪽.

31) 안병삼, 앞의 논문, 196쪽.

32) "여성은 성이 아니라 사람이다! 그러나 어떤 사람들의 생각은 아직까지도 이런 생각에 미치지 못한다. 婦女不是性而是人! 然而有些人的認識, 還沒有達道這個境界.", 張潔 著, 陳建功 主編, 〈方舟〉, 《中國當代文學作品精選(1949-1999) 中國小說卷》, 北京十月文藝出版社, 1999, 900쪽.

보다 넓은 인류학적 차원에서 이야기해 볼 수 있는 것이다. 이때 집단적 중국 문화를 중국인의 '非性化' 인식으로 인한 '身體化' 경향으로 분석한 사례는 바로 이러한 인류학적 논의에 근접한다. 여기서 性이 서구의 개인 개념을 포함하는 차원에서의 sexuality를 의미할 때, 중국인에게 있어 인간이란 집단적 사회관계 속에서나 정의될 수 있는 것으로서 그 안에서 心身의 안위를 찾는 중국인은 독립된 인격체와는 거리가 멀다는 주장이다. 이어 그는 私적 인간 상태를 인정하지 않는 중국인의 문화는 자연이치에 순응하며 아무 것도 하지 않는 도가(道家)식 철학으로 공식화(公式化)된 문화라는 비판적인 시선을 견지하였다. 그는 문혁시대의 구호였던 '鬭私批修'를 '私'에 대한 중국인의 부정적 인식을 대변해주는 대표 사례로 들기도 했다.[33] 하지만 문혁이 낳은 갖은 풍상 속에서도 의식적 글쓰기에 임했던 일군의 여성작가들이 있었고 그 중에서도 林白과 陳染은 '私소설' 시대의 막을 연 장본인들이다. 王德威가 林白과 陳染의 서사에 주목한 것도 소아(小我)를 희생하여 대아(大我)를 이루기를 부르짖는 것이 아니라 私적인 삶을 부르짖었던 그들의 의식을 높이 산 원인이 크다. 이 같은 사실은 본 논문이 林白의 《瓶中之水》(1993)와 陳染의 《破開》(1995)의 동성연애를 소재로 한 작품에 더욱 주목하는 이유이다.

《瓶中之水》의 이야기는 다소 독특하게 시작된다. 먼저 林白은 소설 속 1인칭 화자인 '나'를 작가로 설정하고 二帕를 그가 평소 일상에서 잊고 지나쳐 버린 무언가 이자 진정으로 쓰려던 인물이었다고 쓰며 다소 복잡한 서술관계를 형성해 냈다. 그리고 '나'의 상상 속에 있던 二帕는 그가 우연히 현실에서 마주친 한 패션디자이너로 완벽히 분

33) 孫隆基, 《中國文化的深層結構》, 中信出版集團, 2015年 개정판, 201-250쪽 참고.

해 소설 속 여주인공으로 나서는데 작가는 '나'와 二帕와의 만남이 성사되는 분위기를 이렇게 기록했다. "빳빳하게 풀을 먹인 새 옷을 물에 담가 옷에 걸쳤을 때 편안한 느낌을 갖게 되는 것처럼 내게 거부감을 주었던 공간이 편안하고 나긋하게 변했다." 이어 작가의 시선에 가득 찬 여주인공 二帕에 대한 첫인상을 이렇게 묘사한다. "나는 순식간에 그녀의 비범함을 느꼈다. 그녀의 옷은 매우 괴상했다. 이러한 괴상함을 형용하기는 힘들다. 현대적이지 않으나 현대적이지 않은 것은 아닌. 그것은 다만 조화롭지 않을 뿐이다. 고전적이면서 또 무대 위에 있는 듯, 그녀가 걸친 옷은 아름답지 않지만 그것은 거리 위 여자들이 치장할 줄 모르는 그러한 어설픔과는 다른 것이다. 기괴하지만 어떤 꿰뚫어볼 수 없는 무언가를 품고 있다.…내가 본 것은 그녀의 옆모습이다. 이 옆모습에는 내게 익숙한 무언가가 있다.… 내가 기다렸던 것은 바로 그녀다." 여기서 '나'가 二帕에게서 발견한 익숙함이란 또 현대적이나 현대적이지 않다는 것은 바로 그녀의 원초적 인간성을 두고 하는 말일테다. 그것은 서로 다른 시공간 속에서도 언제나 우리들 속에 존재해 온 보편적 정신이니 말이다. 그녀의 등장으로 주위가 편안한 분위기로 전환된 것 역시 '나'다움을 제대로 발현할 수 없는 사회에서 감지되는 불편함을 털어버리고 진정한 인간성을 접한 원인이 크다. 이처럼 소설은 二帕와의 만남을 계기로 분위기의 반전을 꾀하며 빠른 내용 전개를 이행해 냈다. 본 연구자는 이것이 일상 속에서의 일탈과 함께 상징적 공간으로의 진입을 이행하려는 작가의 서사전략으로 보고 있다. 여기서 일상이란 '나'와 '우리'가 당연한 듯 무언가를 잊고 지내도록 삶을 규격화 한 사회일 터이다. 이제 작가는 전환된 공간 속에서 주체적인 존재가 정상적으로 인식되는 현실 속에서 어떻게 억압되고 소외되어 가는지 그 세밀한 관찰을 시작한다. 궁극적으로는 우리 사회와 그 안에 속박된 인간들에 대한 여과 없는 보여주기로 반성적 사유의 장을 모색했다고 표현하는 것이 더욱 적절할지 모르겠다.

한편 애초에 '나'는 二帕를 혈연관계가 없는 자매들 사이에서 존재감 없는 불행한 아이로 상상했었다. 특히 작가가 "줄곧 하나의 세계만이 있었을 뿐이다. 이 세계는 철붙이처럼 단단해서 그녀의 친모조차 들어오기 힘들었다."고 적고 있을 정도로 二帕는 강한 개인성과 자아의식으로 점철된 존재이다. 그 의식은 그녀가 스스로 어떤 사명감을 갖고 태어났다고 여겨 매일 새벽 자신을 단련시켜온 것처럼 꽃이 햇볕의 따스함을 추구하는 것과 같은 당연함으로 존재한다. 二帕가 진정한 '나'가 될 수 없는 무의미한 삶의 경계를 깨고 나와 불안과 흥분의 삶에 놓여있을 때 유례없는 평화로움과 행복을 얻었다는 감회 또한 그녀의 개인성을 대변해주고 있다. 작가이자 화자로서 '나'는 꿈을 향한 二帕의 발걸음을 "재생(再生)의 희망" 감정으로 적으며 자신에게 二帕가 어떤 의미를 갖는지는 여전히 알 수 없지만 본인만이 二帕를 충만한 격정으로 이렇게나 아낄 수 있다고 단언했다. 누가보아도 '나'는 그리고 작가 林白은 새 삶을 향해 전진하는 二帕의 주체적 행위를 적극 응원하는 입장에 서있다. 여기서 잠시 二帕의 대학 시절로 돌아가 그녀에게 남다른 관심과 보살핌을 베풀었던 여성 王과 伍와의 일에 대해 이야기해볼 필요가 있다. 이는 이후 二帕에게 있어 동성연애의 의미는 물론 '나'에게 二帕가 주는 의미에 보다 근접하기 위함이다.

먼저 작품에서 王과 伍는 고급 간부를 지내는 부모와 교수 아버지를 둔 좋은 환경 속에서 자란 건강한 정신과 성숙한 마음을 지닌 '정상인'들로 묘사되었다. 그들이 二帕를 좋아하게 된 원인도 작은 시골에서 온 二帕를 통해 느껴지는 상대적 우월감과 다른 이들에게서는 느낄 수 없는 '기괴한 총기(靈氣)' 때문이다. 타인을 통해 만족감을 느끼는 그들은 개인의 주체성과는 거리가 먼 나약한 정신을 지닌 존재의 상징이다. 무관심한 환경 속에서 성장한 二帕에게 가장 두려운 것이 타인의 관심이었듯이 타인이 냉담할 때에야 자유로움을 느끼며 자신의 삶을 영위해 나갈 수 있던 그녀에게 두 여성의 개입은 불편할 수밖에 없다. 작가는 이들과의 관계에 미숙했던 二帕의 상황을 "사람이 되는(做人)" 기회를 잃은 것으로 표현하는 것으로 二帕의 강인한 정신을 더욱 부각하고자 했다. 二帕는 이 모든 상황을 다만 자신이 아직 어리고 철이 덜 들었기 때문으로 받아들이기 때문이다. 이 같은 二帕의 태도는 자신을 합리화하기 위한 우둔한 정신 승리법이 아닌 평생에 걸쳐 수행해야 하는 인간화 과정에 대한 앎이라는 자각적 차원에서 이해되어야 할 것이다.

이후 二帕가 만난 연인 意萍 역시 부유한 집안 배경 아래 "기괴한" 성격을 소유한 여성이다. 意萍이 二帕을 마음에 두게 된 것도 또 그녀를 집착적으로 좋아하게 된 것 역시 서로를 인식해 낸 "기괴함" 탓이다. 그러나 누구도 "상규(常規)"를 벗어나고자 하는 그녀의 욕구를 보지 못하는 것은 意萍이 사회가 부여한 性 역할에 충실할 뿐인 여성으로 존재하기 때문이라 하겠다. 이때 "상규(常規)"라는 것이 그녀의 가냘프고 청순한 외모로 평범하게 남성과 연애를 하는 인격을 이야기하는 것이라면 그녀가 二帕에게서 발견한 기이한 아름다움과 강한 이끌림은 그 본성적 욕구에 비견될 수 있다. 그런데 '나'는 동성연애에 대해 역겨움을 느끼는 사람들을 '정상인'으로 이야기하는데 이는 사회적 性 역할을 초월하는 것에 대한 다수의 사회인식을 상기시키기 위한 차원에서 이해되어야 할 것이다. 性 역할 개념이 경직된 집단 사회가 그들에게 부여한 행위양식은 진정한 개인성과는 거리가 먼 것이니 말이다. 자각적으로 개인성을 충실히 발굴하고자 하는 二帕와 이에 대한 이해가 결여된 意萍이 잦은 소통불가의 상황에 직면하는 것도 예견된 일이었다. 하지만 둘의 관계가 지속될 수 있는 이면에는 意萍이 二帕를 사회에 적응하지 못하는 "문제아(問題兒童)"로서 자신의 도움이 필요한 사람으로 여겼다는 불편한 사실이 꿈틀대고 있었다. 타인과의 관계 속에 개인을 맡겨야 하는 중국사회의 고질병이 둘의 관계를 통해 적나라하게 드러나는 장면이 아닐 수 없다. 결국 二帕와 意萍이 완전히 결별에 이르는 것도 그동안 二帕의 태도가 잘못되었다는 전제하에 갖은 조언을 쏟아 붓던 意萍의 입장이 二帕의 조언으로 서로 뒤바뀐 탓이다. 이는 둘 사이에 존재하는 인식의 차이를 표면화 한 것으로서 二帕의 세계관을 받아들이지 않겠다는 意萍의 단호함으로 해석될 수 있다.

> 二帕, 잘 들어, 너는 나랑 무슨 마음의 문제를 이야기할 자격이 없어. 나는 마음에서 발톱까지 너보다 더 많이 순결하니까. … 意萍의 말은 칼날이 二帕의 마음을 도려내는 듯했고, 二帕는 순간 오장육부가 타들어가는 통증을 느꼈다. 그녀는 어떻게 그 짧은 사이에 意萍의 미움을 샀는지 이해할 수 없었다.… 상처 입은 二帕는 그제야 이해했다. 그녀와 意萍 사이는 동등했던 적이 없다는 것을. 意萍은 처음부터 그녀의 머리 꼭대기 위에 서서 자신에게 우정을 주고, 이해해주고, 도움을 주었다는 것을. 그러나 진정 평등한 친구로서 한 말 한마디가 그녀의 자존심을 크게 거슬리게 했다. 二帕는 생각했다. 이렇게나 깊고 아무것도 아랑곳 하지 않는 우정이란 모두 불평등한 것이었구나! 意萍는 이렇게 그녀를 사람 취급도 하지 않았던 것이로구나![34]

34) 林白,《林白中篇小說代表作: 甁中之水》, 春風文藝出版社, 2007, 65쪽.

결국 과거 二帕에 대한 王과 伍의 적극적 지지는 그들의 몸에 밴 사회적 역할과 가치가 옳다는 고집 위에 생겨난 것이다. 그들은 타인의 고민을 자신의 고민으로 끌어오는 익숙함으로 중국의 전통적인 집단주의적 사고방식을 간명하게 드러내주었다. 작가가 끝까지 二帕의 편에 섰던 것은 이러한 사회 인식 속에서 자각적이고 주체적으로 자신을 연마하고자 했던 그녀의 꿋꿋한 정신에 있다. 차이를 인정하지 않는 사회의 집단 욕망 속에서 그녀의 자아가 더욱 빛을 발할 수밖에 없었던 것도 바로 이 때문이다. 하지만 작가는 이성과의 결혼과 출산의 길을 택한 意萍과 동성연인으로부터 받은 충격으로 삶의 의욕을 상실한 二帕의 이후를 나란히 제시하는 것으로 독자에게 끊임없는 사유를 촉구하는 것을 잊지 않았다. "이 시대 균질화 된 사회에 자신을 던지는 것만이 여성이 할 수 있는 최선인가?"라는 단도직입적인 태도로 말이다. 林白의 글쓰기가 '나'와 '우리' 사이에서 유동하는 여성의 목소리와 이중 페르조나(double-persona) 캐릭터로 드러나는 평행 발전 구조로 독특한 여성적 성향을 보여준다는 평가[35]는 바로 이 같은 서사를 두고 말한 것이다.

陳染의 《破開》에서 드러나는 주제의식은 상기 작품에 비해 비교적 명료하다. 화자인 '나'와 여성 殞楠과의 정신적 교류가 남성을 견제하는 발언 속에서 지속되기 때문이다. 하지만 이들은 절대 어떤 "여권주의"나 "여성주의"의 칭호를 표방하지 않는 전제하에 진정한 성별평등을 이루고 성별의식을 초월할 것이며 통일된 생활, 문화, 예술

35) Lily Xiao Hong Lee and A.D. Stefanowska Ed., *Biographical Dictionary of Chinese Women: The Twentieth Century 1912-2000*, Routledge, 2015, 328쪽; 페르조나(persona)와 관련해서는 다음의 책, 융의 인간론을 참고할 것. 김성민 지음, 《융의 심리학과 종교》, 동명사, 2012년, 115-118쪽.

의 규범과 준칙의 세계를 깨부수고 싶다고 호소하듯이 단순히 남성과 여성을 대립적 관계에 놓고 바라보는 것이 아니다. 이는 남권중심의 문제가 언제나 본질적으로 불변하는 사회 현상으로 간주되어 온 만큼 세계에 대한 해석의 틀 속에서 남녀를 종합적으로 조망하려는 태도에 지나지 않는다. 이어 그들은 "사람과 사람 사이의 친화력은 남성과 여성 사이에서만 구현되는 것이 아니다. 사실 그것은 우리 여성들 사이에서 오랜 시간 등한시 되어 온 생명력의 잠재된 에너지이다."라는 발언으로 하나의 여성이 하나의 남성을 선택함으로써 '대다수' 속에 진입하고 '정상'이 되는 일이 수천 년간 사회적인 실천 속에 강제적으로 형성된 습관임을 폭로해 냈다.[36] 게다가 그들이 현재를 "유리 시대(玻璃時代)"로 인식한 것으로 보아 陳染의 창작은 여성 파워(female power-ism)나 페미니즘을 통한 여성 공동체 수립이 아닌 성별 동등성 위에 성립되었음을 다시 한 번 확인할 수 있다.[37]

> 만약 번식이 인류 결합의 유일한 목적이 아니었다면, 아담은 아마도 그의 형제들과 함께 있을 때 더욱 소통이 쉽다고 느꼈을 거야. 이브는 그녀의 자매들과 함께 있는 것이 서로를 더욱 아끼고 이해해줄 수 있다고 느꼈을 테고. 인류의 첫 번째 아침이 이러한 공리적 목적을 제거한 시작이었다면, 지금까지 이어져 온 세계는 다른 모습이었겠지.[38]

남성의 역사 외부에 존재하는 태초의 인간 상태를 갈망하는 두 여성에게 "성별의식의 약화란 곧 인류문명의 진보"를 의미한다. 그들은

36) 陳染, 《破開》, 《與往事干杯》, 百花洲文藝出版社, 2015, 301쪽.

37) Laifong Leung, *Biography, Bibliography, and Critical Assessment*, Routledge: New York and London, 2017, 42쪽.

38) 陳染, 《破開》, 위의 책, 316쪽.

'性溝'[39]이 미래 인류의 가장 커다란 전쟁으로 대두할 것이라고도 이야기 했다. 특히 국책방침이나 사설논평 따위가 스스로의 개인화 문제를 보잘 것 없이 만드는 경향이 있어 아예 읽지 않는다는 '나'의 사유를 따라가 볼 때 '性溝'로 나타나는 남성과 여성의 부조화는 사회와 여성의 부조화에 상응함을 알 수 있다. 전체적으로 작품은 비행기 탑승 대기실과 비행기 안을 중심으로 오가는 대화를 중심으로 전개되는데 이는 현 세계에 안주하지 못하는 '나'의 표류하는 마음을 상징적으로 드러내주는 것이라 하겠다. '나'는 이처럼 진실한 온화함과 정서가 결여된 사회 속에서 殉楠이야말로 "수많은 상이한 언어와 감정의 분위기 속에서나 존재했던 무언가를 품고 있는 존재"로 여기고 있다. '고독'이 '나'의 혈액형과 같이 바꿀 수 없는 생래적인 것으로 인식되듯이 殉楠이 간직하고 있는 것이란 곧 인류보편의 공통된 본능을 두고 말한 것이다.

> 가시나무 더미 같은 희끄무레한 군중 속에 섞여 밀려나오고 싶지 않다. 우리의 여유로운 복사뼈가 앞뒤로 바리바리 싼 육중한 짐 아래 묻히는 것이 싫다. 마음대로 버려진 맥주 캔과 너저분하게 널려있는 코카콜라 종이컵 속에 묻히고 싶지 않다.[40]

개별적 자아개념에 굳게 정박한 이 둘은 의식적으로 사회 집단과 분리되어 있다. 이에 그들은 남성과 여성을 구분지 않고 오로지 인간의 역동성을 살려 자신의 개성을 실현시키고 온전한 나의 삶을 살

---

39) 性溝이란 남성과 여성이 사회생활 속에서 서로 이해하지 못하는 힘든 상황을 일컫는다. 李小江, 《性溝》, 北京:三聯書店, 1989, 1쪽.

40) 陳染, 《破開》, 위의 책, 305쪽.

아가는 데 목적을 둘 뿐이다. 서둘러 탑승하려는 군중들 속에서 짧은 반바지를 입은 여인을 바라보는 그들의 시선이 남다른 원인도 바로 여기에 있다. 추위를 마다않는 이 여인은 옆에 그들에게 있어 '다수'를 위해서라면 무료로 심미적 즐거움을 선사하는 생각을 멈출 수 없는 "가련한 현대인"일 뿐이다. '다수'가 공유하는 사회의식은 문학비평가 사이에서 깊이 없는 여 작가의 작품을 골라 쓰는 "심도 거절(拒絶深度)"의 신풍조마저 나왔으니 말이다. 보다시피 두 여성이 세상을 독대하는 태도는 모두 습관화되고 고착된 사회의식에 대한 조소로 환원되고 있다. 반면 '나'의 허구적인 고향 N城을 향한 '나'와 殉楠의 발걸음은 기존 질서에 균열을 내고 대안을 제시하고자 하는 자의식적인 유토피아적 희망이라 하겠다.

> "너도 알다시피 나는 줄곧 어디가 집인지 느낄 수 없었어. 지금 나는 다시 찾아 나서려는 생각을 포기하려해. 나는 지쳤어. 어찌되었던 간에 이 도시는 내가 태어난 곳이야. 나의 숨, 피부, 내장과 수면이 익숙한 곳이지. 나의 어머니는 영원히 집안 문을 열어두고 나를 기다리고 계셔, 이 도시는 나와 뗄 수 없는 숙명이지. …"…"너와 함께 집으로 돌아갈래! 나는 고향의 느낌이 필요하고 나와 함께 이 세계에 맞설 누군가가 필요하거든."[41]

허구적 세계 속에서 殉楠이 천성적으로 즐거운 여인이자 안정적이며 고독한 향락주의자라면 '나'는 "무성한 수풀 속 함정에 빠져 놀란 한 마리 작은 동물"에 지나지 않는다. 이것은 '나'가 N城을 향하는 비행기 안에서 육체를 이탈해 비현실적인 세계를 헤매는 꿈을 꾼 이유

41) 陳染, 《破開》, 앞의 책, 323쪽.

이다. 꿈속에서 그녀가 수년간의 피로가 두껍게 쌓인 먼지 혹은 심오한 이론처럼 자신을 단단히 묶고 있어 깨어날 수 없다고 호소함에 있어 그 원인이 수천 년간 인간의 본성을 억눌러 온 사회와의 불화에서 비롯된 피로감과 두려움에 있음은 자명하다. 결국 작가는 "여자는 여자가 가장 잘 이해할 수 있다."는 말로 '나'를 설복시키고 殉楠과 함께 그녀를 진실이 결여된 사회 속으로 밀어 넣었다. 사회를 개인과 단절된 관계로 파악하는 것이 아닌 모두가 함께 만들어가는 공동체 사회로 인식하며 또 개인을 고립된 존재가 아닌 인간관계의 총체로 인식하는 그녀야말로 진정한 개인주의자라 할 수 있다. 기존 지배 질서의 본질을 침해하는 것도, 두 여성이 그 속에 고립되는 것도 아닌 세계와 관계 맺는 자신만의 방식을 관철해낸 陳染의 방식으로 말이다.

아렌트는 "신체에만 전념해야 하는 상태보다 더 근본적으로 인간을 세계로부터 추방하는 것은 없다."고 하였다. 왜냐하면 자유의 영역은 직접적인 육체적 욕구의 지배가 끝나는 곳에서만 시작하기 때문이다.[42] 지금까지 여성과 남성의 구분이 신체적 차이에 기반 한 것이었다면 그 안에서 本性을 억압받아온 중국 여성에게 '자유'란 한낱 낯선 개념에 지나지 않았다. 남성 중심적 가치에 우위를 둔 사회가 배척되는 위에 생성된 林白과 陳染의 "私적 글쓰기"는 흑백이원론의 구조를 벗어나지 않는다는 비판에 노출되곤 하지만[43] 두 작가가 논점으로 삼는 것이 원초적 개인성을 회복하는 데 있다면 여성이 억압받는 사회현상은 여성의 보편적 권리에 대한 표면적 논의와는 다른 문제로 인식되어야 한다. 요컨대 본 연구자는 20세기 전·후반 여성 작

42) 한나 아렌트, 앞의 책, 160-168쪽 참고.

43) Laifong Leung, 앞의 책, 138쪽.

가의 작품 속 여성 동성연애를 다수와의 동일성을 강요받는 사회적 요구 속 세계와 자아의 감응을 찾아나가는 윤리적 차원의 문제로 인식하고자 했다. 서로 깊이의 차이만 있을 뿐 20세기 여성 동성연애는 우연히 생성된 것이 아닌 중국의 사회정치적 배경과 유기적 상호 관련 속에서 나타난 사회 현상이다. 집단주의를 이상화하는 중국의 고질적인 관습과 性 혁명의 동시다발적 출현은 결코 우연이 아니라는 말이다. 20세기 여성 작가의 소설에 나타난 동성애가 '정상'이 아닌 '이상한' 정신 현상으로서 주류 문화의 특징과 동떨어진 행위라고 한다면 비정상적인 질서로 규명된 것을 주제화함으로 그들이 끝까지 관철해 내고자 한 것은 결국 '인간성'의 회복이다.

5. 나가는 말

2012년 習近平 정권은 중국인의 오랜 숙원으로 중화민족의 위대한 부흥 실현을 위한 '中國夢'을 공식 슬로건으로 내걸었다. 문제는 대동(大同) 사회를 건설함으로써 모든 인민이 이상적인 사회를 살아가는 것을 목표로 삼는 '中國夢'의 근저에 깔린 중화사상에 있다. 여기서 말하는 대동이란 전통 유가에서 제시하는 이상사회로서 '집단'을 최상위에 두고 모두가 절대적 평등을 누리는 사회이다. 최근 벌어진 하나의 중국 정책, 민족 간의 갈등과 종교 문제를 조정하는 중국의 내외부적 기능 강화, 그리고 사드 문제를 둘러싸고 벌어진 한국산 불매 운동과 기타 국가에 대한 '보이콧 외교(抵制外交)' 등도 모두 권위주의적 통치체제를 필두로 한 '하나의' 중국 정책이 낳은 산물이다. 얼마 전 중국이 사드 여파로 인한 한국산 물건 불매 운동을 인민의 자발적인 의지로 설명한 것도 결국은 나라의 부국강병을 위해 개인에 막중한 책임을 부과하는 유가의 뿌리 깊은 집단주의와 무관하지 않다. 이렇게 볼 때 習近平 정권의 독단성은 쇄국적 이고 독자적인 옛 중국의 재현으로서 20세기 초 남성 엘리트 집단의 "감정 정치"처럼 자신들이 겪었던 수치스러운 역사에 대한 두려움의 반향으로 볼 수도 있겠다. 이에 중국의 한 저명한 심리학자 武志紅은 그의 저서 《巨嬰國》(2016)을 통해 현 중국을 이렇게 진단했다. 6개월 미만의 영아가 엄마를 떠나 살 수 없는 것처럼 바깥세상과 단절된 삶을 살며 '關係'에 의지하는 '집단주의'적 중국인의 삶은 정상적인 정신 발달 단계를 거치지 못한 '거구의 영아'에 비유될 수 있다고 말이다.[44] 결국 이 책은 출판 두 달여 만에 중국의 모든 온오프라인에서 철거당하는 수모를 겪어야 했다. 하지만 누구보다 중국 사회의 문제점을 잘 지적해 것으로 판단된다. 최근 중국에서 최고의 인기를 구가하며 방영중인 부모가 대신 현장에 나와 자식의 배우자를 고르는 맞선 프로그램이 말해주는 것도 중국인의 사상 속에 깊게 뿌리박힌 '집단의식'이다. 일찍이 청 왕조가 몰락하고 정혼법을 국가적 차원에서 금지하고자 했던 것은 그것이 개인의 사생활을 침범하는 전통 가족 체계 속에서나 이해될 수 있던 문제였던 탓이 아니던가.

요컨대 최근 중국의 독단적 행보와 중국 전통 체제의 부활은 서로 긴밀한 상관관계 속에서야 이해될 수 있는 문제이다. 본문에서는 20세기 여성작가의 동성연애 작품을 중심으로 중국 사회를 재조명해보고자 했지만 여성의 해방문제는 여성만이 아닌 남성과 공유해야 하는 사회적 과제로 인식되어야 한다. 혹자는 최근 중국 내에서 남성 동성애 수가 급격한 증가세를 보인 현상을 두고 중국의 한 자녀 정책에 따른 후폭풍으로 분석했지만 결국 이 모두는 2012년 이래 가파른 성장세를 기록하고 있는 중국 경제, 그 어느 때보다 견고해진 중화주의 그리고 그 근저에 깔린 중국인의 전통적 집단주의 사상, 이 모든 요소와 하나의 유기적 관계 속에서라야 파악될 수 있는 사회현상이다.

44) 武志紅,《巨嬰國》, 浙江人民出版社社, 2016年.

참고문헌

陳 染, 〈陳染自述〉, 《小說評論》, 2005.

______, 《破開》, 《與往事干杯》, 百花洲文藝出版社, 2015.

廬 隱, 中國現代文學館 編, 〈花瓶時代〉, 《中國現代文學百家: 廬隱代表作》, 華夏出版社, 1999.

______, 〈論婦女平民教育〉, 上海: 商務出版社, 1928.

______, 《廬隱小說精選集: 海濱故人》, 安徽文藝出版社, 2015.

______, 〈麗石的日記〉, 《中國書籍文學館 大師經典: 廬隱精品選》, 中國書籍出版社, 2014.

林 白, 《林白中篇小說代表作: 瓶中之水》, 春風文藝出版社, 2007.

凌淑華, 《說有這麽一回事》, 北方文藝出版社, 2015.

郁達夫, 《她是一個弱女子》, 廣东: 花城出版社, 2010.

錢杏邨, 《當代中國女作家論》, 上海光華書局, 1933.

李小江, 《性溝》, 北京:三聯書店, 1989.

胡 適, 《胡適的日記》 (第11冊), 臺北:遠流出版公司, 1990.

張 潔 著, 陳建功 主編, 〈方舟〉, 《中國當代文學作品精選(1949-1999) 中國小說卷》, 北京十月文藝出版社, 1999.

孫隆基, 《中國文化的深層結構》, 中信出版集團, 2015年 개정판.

萬仕國, 劉禾 校註, 《天義·衡報: (上) 天義》, 北京: 中國人民大學出版社, 2016.

武志紅, 《巨嬰國》, 浙江人民出版社社, 2016.

리쩌허우, 김형종 옮김, 《중국현대사상사론》, 한길사, 2005년.

에드워드 사이드, 김정하 역, 《저항의 인문학: 인문주의와 민주적 비판》, 마티, 2012.

김성민 지음, 《융의 심리학과 종교》, 동명사, 2012년.

조명래 지음, 《공간으로 사회 읽기: 개념, 쟁점과 대안》, 한울, 2013년.

한나 아렌트, 《인간의 조건》, 한길사, 2015년 판.

Dooling, Amy D. *Women's Literary Feminism in Twentieth Century China,* New York: Palgrave Macmillan, 2005.

Eileen Chang, John Wakeman ed., *World Authors 1950-1970: A companion Volume to Twentieth Century Authors*, The H.W.Wilson Company New York, 1975.

Laifong Leung, *Biography, Bibliography, and Critical Assessment*, Routledge: New York and London, 2017.

Larson, Wendy, Susan Brownell and Jeffrey N. Wasserstrom ed., "The Self Loving the Self: Men and Connoisseurship in Modern Chinese Literature", *Chinese Femininities/ Chinese masculinities: A reader*, Berkeley: University of California Press, 2002.

Lily Xiao Hong Lee and A.D. Stefanowska Ed., *Biographical Dictionary of Chinese Women: The Twentieth Century 1912-2000*, Routledge, 2015.

김은희, 〈1920년대 중국여성문학과 대중매체〉, 中國語文學志 11권, 2002.

_____, 〈1920년대 중국 여성소설의 섹슈얼리티〉, 中國現代文學 24호, 2003.

김희진, 〈1920년대 여성소설에 나타난 여성의식-여성인물의 현실 대응양상을 중심으로〉, 中國現代文學 22輯, 2002.

_____, 〈1920년대와 1980년대의 여성소설 비교 연구〉, 中國語文學志 4권, 1997.

노승숙, 〈과거를 사는 소녀들-凌淑華 小說 속 閨房閨秀들을 中心으로〉, 중국문화연구 17집, 2010.

안병삼, 〈한중 당대 소설 속의 여성성 감소 현상 비교 연구〉, 한민족문화연구 제21집, 2007.

이윤희, 〈아나르코-페미니즘의 이론적 지평 - 엠마 골드만을 중심으로〉, 《사회와 이론》, 1호 제2집, 2003.

홍지순, 〈현대 중국 新女性 형상의 변천〉, 中國現代文學 43집, 2007.

_____, 〈루인 저작 속의 '인'개념〉, 中國現代文學 67집, 2013.

Chow Rey, "Virtuous Transactions: A Rereading of Three Stories by Ling Shuhua.", *Modern Chinese Literature,* vol.4, 1980.

Feng Jin, The New Woman in Early Twentieth-Century Chinese Fiction, *Comparative Literature and Culture*, Vol.6, 2004.

Jin Siyan, Subjective writing in Contemporary Chinese Literature: The "I" has taken over from the"we" omnipresent until the late 1970s, *China Perspectives Vol.54*, 2007.

Pei Yuxin, Sil-ying Ho Petula, and Mg Man Lun, Studies on Women's Sexuality in China since 1980: A critical Review, *Journal of Sex Research,* Vol.44, 2007.

Peter Zarrow, He Zhen and Anarcho-Feminism in China, *The Journal of Asian Studies*, (47:4), 1988.

賀夏蓉,《多重視覺下的女書及女書文化研究》, 華中師範大學 學位論文, 2011.

uman Gupta ed., "Li Rui, Mo Yan, Yan Lianke and Lin Bai: Four Contemporary Chinese Writers Interviwed", *Wasafiri(23:3)*, 2008.

王蒙,〈陌生的陳染〉,《讀書》, 1996年5期.

樂鑠,〈90年代女性私小說"性別"弱視〉,《中國文化研究》, 1999年.

'훠궈(火鍋)', 중국을 이해하는 지역학 소스 코드

이상오 (충북대학교 중국학연구소 전임연구원)

1. 들어가며

미국의 인류학자 Carole Conihan과 Penny Van Esteric은 "음식은 모든 문화적 현상과 연결되어 있다"면서 음식을 통한 문화 연구를 강조하고 있다.한 문화권에서 향유하는 음식문화는 그 문화권을 이해하는 핵심 요소로, 위 인용문은 한 사회의 음식문화 특징을 주제적 키워드로 분석하는 작업이 연구 방법론적으로도 매우 유효함을 방증해 준다. 주지하다시피 중국요리는 세계 3대 요리 가운데 하나이다. 심지어 일본 학자 이시게 나오미츠(石毛直道)는 "근대 세계 각국으로 받아들여진 식의 문명은 거시적으로 유럽과 중국의 두 개뿐이라고 할 수 있다"라고 까지 말한다.[1] 캘리포니아대학의 장치쥔(張起鈞)교수는 그의 저서 《烹調原理》에서 "어떤 의미에서는 서방문화(특히 근대의 미국식 문화)를 '성(sexual)문화'라고 본다면, 그와 대비되는 중국의 문화는 일종의 '음식(food)의 문화'라고 말할 수 있다."고 정리한다.[2] 이 주장에 비추어 보면, 문명적인 관점으로 보았을 때 중국에서 음식문화가 매우 중요한 요소라는 말이자, 중국을 연구하는 방법으로 음식문화를 소스코드로 활용하는 것이 매우 효율적일 수 있다는 의미로 해석해 볼 수도 있다.

2018년 현 시점에서 중국요리나 중국음식문화와 관련된 현상 가운데 어떤 것이 중국을 이해하는데 유의미 하며, 동시에 가장 대표적인 대상이 될 수 있겠느냐는 질문에 필자는 '훠궈(火鍋)'라고 답할 것

---

1) 동아시아생활학회, 《세계의 음식문화》, 서울, 광문각, 1999, p.47.

2) 張起鈞, 《烹調原理》, 北京, 中國商業出版社, 1999, p17.

이다. '훠궈'는 중국음식문화가 가지고 있는 다양한 장점과 특징을 수용하여 단일 요리품목으로는 현재 요식업계와 시장에서 가장 환영 받고 있는 요리이다. 조리법, 식재료, 양념, 구성 등의 중국요리가 가지고 있는 장점을 모두 구현하고 있으며, 지역 요리로 구분하는 중국요리 분류체계에서 각 지역요리의 특징을 융합해가는 방식으로 시장에서 살아남고 있다. 또한 중국인들의 사회교류 방식과 그에 따른 민속적 행위인 '투안위안(團圓: 가족, 친지, 친구들이 명절 등을 맞아 한 자리에 다시 모임)'에 가장 어울리는 요리로, 중국인들의 모임에서 늘 등장한다. 요식업시장에서도 '훠궈' 특유의 가변성과 수용성을 바탕으로 서비스와 위생, 웰빙과 힐링의 콘텐츠를 결합하여 안정적인 위치를 확보하고 있다. 또한 조금 과장되게 표현한다면, 훠궈는 중국의 전통문화와 역사적 콘텐츠가 현대에서 어떻게 '전통'을 유지하면서 '상품'으로서 살아남을 수 있을까에 대한 답안을 주고 있다. 이처럼 '훠궈'라는 단일 요리가 중국요리 및 중국음식 문화체계를 대표할 수 있는 대상이 된 이유와 배경에 대한 분석을 통해 중국이 어떻게 이질적인 요소들을 수용하고 변화해 가고 있으며, 이를 통해 중국 전체를 이해하는 소스코드로 작용하게 되는가의 과정에 대해 실마리를 찾아보려고 한다. 이를 통해 한 국가를 이해하는 '지역학'의 한 방법론으로 미시적 기제로 거시적 이해를 도모하는 방법으로 '음식문화'가 유효할 수도 있다는 점을 제시하고자 한다.

본고는 '훠궈'가 중국음식문화의 특징 및 지역음식문화의 특징, 중국의 민속적 특징을 어떻게 수용하고 반영했는지, 그것이 시장에서 어떻게 융통되고 변화해 가는지에 대해 논하고 마지막장에서는 그 내용을 요약하고 결론을 맺고자 한다.

2. 중국음식문화의 주요특징과 훠궈

중국 연구자들은 중국음식문화가 발달한 이유로 역사, 철학, 사회, 문화, 민속, 경제 및 생태 환경적 요인의 관점으로 다양하게 정리하고 있다. 해당 요인들은 중국이라는 나라의 일반적 특징과 연관되어 있다. 앞서 언급한 음식이 모든 문화적 현상과 연결되어 있다는 맥락으로 보자면, 중국음식문화가 발달한 요인을 살펴보는 것만으로도 중국을 이해하는데 많은 도움이 될 것이라는 점을 알 수 있다. 그렇다면, 중국음식문화가 발달한 이유와 연관된 요인들 가운데 '훠궈'의 발전 및 변화에 상응되는 부분에 대해 미시적으로 살펴보는 것 또한 중국을 거시적으로 이해하는 유용한 방법론으로서 작용할 것이라 생각해 볼 수 있겠다. 이 장에서는 식재료의 다양성과 개발성의 확장, 사회 계층적 분화로 인한 기근과 포식, 지역요리 사이의 융화와 변용, 요식업 환경에 적응하는 가변성, 철학 사상적 영향과 민속적 행위 등의 측면으로 살펴보려 한다. 이러한 특징들은 모두 중국음식문화 발전의 중요한 핵심요소들로, 해당 내용을 통해 '훠궈'가 가지고 있는 지역학적 소스 코드의 의미를 밝히고자 한다.

1) 식재료의 다양성과 개발성의 확장

첫째는 식재료의 다양성과 개발성의 확장이다. 다양한 생태환경 분포와 빈번한 자연재해와 전란으로 인한 식재료의 다양성과 개발성의 확장은 중국요리의 대표적인 특징이다. 중국은 열대, 아열대, 난온대, 중온대, 한온대 등 극지의 한 대를 제외한 모든 기후대가 존재한다. 또한 지형적으로 고원, 산지, 구릉, 평원, 분지, 사막 등 지구상에 존재하는 대부분의 지형이 존재한다.[3] 이로 인해 각 생태환경에 서식하는 다양한 동식물을 식재료로 활용하게 되면서, 식재료의 확장을 가져왔다. 한편으로는 먹을 것을 안정적으로 확보하기 어려운 조건들이 상존했다. 잦은 전란과 빈번한 자연재해, 급격한 인구증가율 등으로 인해 먹는 문제 해결이 늘 어려웠다. 중국역사에서 수(隋), 당(唐), 송(宋), 명(明) 말기에는 예외 없이 대규모 농민 봉기와 이민족과의 전란이 일어났으며, 수십 년 동안 진행된 전란에서 많은 인구(생산력)와 농경지(생산수단)가 사라졌다. 또한 농사를 지을 수 있는 땅의 면적(경작지)이 유한한 상태에서 사람과 가축, 기술적으로 열악한 농기구에 의존하는 농업생산 방식이 인구 증가율을 따라가지 못했다.[4] 농경지를 개간하는 안정적 시기에는 생산력이 따라가지 못했고, 농경기술의 발달로 생산력이 높아지는 시기에는 전란과 자연재해 등으로 인해 농경지를 안정적으로 유지하지 못했다. 동시에 농경기술, 생산력의 증가율은 늘 인구증가율을 넘지 못하는 악순환이 계속되었다. 중국 역사상 최초로 인구조사가 이루어진 한(漢)대 이후 송(宋)이 전까지 2000만~6000만 정도 이던 인구가 명(明)에 와서 1억 2000만에 이르렀고, 청(淸)나라 건륭(乾隆)무렵에 3억을 넘어 섰으며, 아편전쟁 무렵에는 이미 4억을 넘어섰다. 이러한 생산력과 인구증가율 등의 불균형 때문에 서한(西漢) 이후 약 2000여 년간 대부분의 시기에 1인당

3) 胡兆量等,《中國文化地理概述》, 北京: 北京大學出版社, 2001, p.37.

4) 趙濟,《中國地理》, 北京, 高等教育出版社, 2000, p.302.

곡물 수급률이 서한의 그것을 넘지 못했다.[5] 이 때문에 중국인들은 '먹을 수 있는 모든 것'과 '먹을 수 있는 모든 방법(조리와 가공, 저장법)'을 강구해야 했다. 명(明)때 지어진 <구황본초(救荒本草)>에는 양식이 없을 때를 대비해 먹을 수 있는 풀 종류와 나무 종류를 무려 414종이나 열거 되어 있다. 이로 인해 중국 역대 왕조의 '정치핵심은 백성들의 먹는 문제 해결'이라고 말하고 있는 '민이식위천(民以食爲天)'은 유사 이래 근대에 이르기까지 중국인에게 '먹는 문제의 해결'은 곧 '살아남는 생존 문제'의 절대 절명의 과제가 되었다. 마오쩌둥에게도 '먹는 문제 해결이 제1과제(頭等大事)였고, 덩샤오핑도 개혁개방 정책의 3보중 제1보를 '굶을 걱정 없는 사회(溫飽)'로 내디뎠다. 수천 년간의 굶주림이, 먹는 방식에 대한 확장(기근으로 인한 구황식품과 저장·발효식품의 개발)을 유발했다고 볼 수 있다. 현재 중국요리에서 쓰이는 재료들은 대략 10000종 이상이며, 일상적으로 쓰이고 있는 것은 3000종 정도이다. 여기서 말하는 3000종이란 주재료, 향료 및 조미료, 보조재료를 포함한 수량으로 그 어느 문화권에서도 이처럼 많은 종류의 재료를 요리에 응용하고 있는 사례는 없다. 각종 문헌에 기록된 재료들만 살펴보더라도 우리에겐 다소 낯선 재료들을 발견하게 되는데, 우랑우탄, 코뿔소, 늑대, 공작새, 앵무새, 부엉이, 제비, 자라, 악어, 금붕어, 물방개, 벼멸구, 투구게, 전갈, 누에, 다람쥐, 매미, 거미, 지렁이, 개미알 등을 먹었다는 기록이 남아 있다. 또한 자석, 석황, 맥반석, 푸른 이끼 등의 광물질을 직접적으로 혹은 가공을 거쳐 먹기도 했다.[6] 1962년에 편찬된 <중국경제동물지>(中國經濟動物志)에는 흑곰, 호랑이, 원숭이, 다람쥐, 마멋, 사향고양이, 순록, 이리, 담비, 스라소니 등

5) 李曦,《中國烹飪概論》, 北京, 旅游教育出版社, 2000, p.329.

6) 田中靜一,《中國食物事典》, 北京, 中國商業出版社, 1993.

의 48종 야생동물에 대한 맛과 식용여부를 주(注)로 달아 놓고 있다. 현재 주로 요리에 쓰이는 야생동물 재료로는 사슴, 줄머리사향삵(사향고양이), 꿩, 물오리, 참새, 들꿩, 자라, 뱀, 큰도롱뇽, 식용개구리, 두꺼비, 고슴도치, 두더지, 들쥐, 집쥐, 들토끼, 오소리, 노루, 멧돼지, 낙타, 산비둘기, 자고새, 자고꿩, 물닭 등이 있고 민간에서는 더 많은 재료들이 쓰이고 있다. 물론 희귀동물들은 이미 법적으로 보호되어 불법 포획이나 남용이 금지되어 있다.

이러한 상반된 원인으로 형성된 식재료의 다양한 활용성은 "무엇이든 다 먹는다"는 중국요리를 대표하는 이미지로 작용하게 하는 이유 가운데 하나로 작용한다. 이에 더해 광둥지역의 요리가 그 이미지를 더 강화했다. 일찍이 조차지로서 광둥지역의 요리들이 다양한 요리를 선보였고, 요식업계 경쟁구도에서 '식재료'의 활용성을 확장하다 보니, 생소한 식재료를 새로운 요리상품으로 도입하는 과정에서 형성된 이미지이다. 사실 중국인들이 무엇이든 다 먹는다는 이미지의 다른 표현은 '다양하게 먹는다'이다. 중국인들의 연회에서는 다양한 식재료를, 그것도 손님이 남길 정도로 준비하는 것이 예의이다. 중국인들은 다양한 식재료를 활용한 요리가 많을수록 고급연회로 인식한다. '훠궈'의 식재료 활용성은 이러한 특징을 잘 담아내고 있다. 중국내 훠궈식당 매출액 1위인 '하이디라오(海底撈)'식당의 2017년 훠궈메뉴를 정리하면 다음과 같다.

<표-1: 훠궈재료 메뉴 구성 - 2017년 '하이디라오(海底撈)'식당>

구분	탕류	스페셜	해산 물류	어묵· 완자류	고기류	반 조리류	두부· 면류	근경· 버섯류	채소류	신메뉴
종류 (수)	13종	9종	9종	10종	9종	16종	15종	17종	8종	5종

출처: 하이디라오(海底撈) 홈페이지-http://www.haidilao.com, 2018.1.1. 검색

<표-2: 훠궈재료 메뉴 구성 세부내용 - 2017년 '하이디라오(海底撈)'식당>

메뉴 종류	세부 구성 메뉴
탕류	牛油火锅(鴛鸯/微辣) 88元/锅, 全牛油火锅(辣) 98元/锅 牛油火锅(鴛鸯/中辣) 88元/锅, 全牛油火锅(中辣) 98元/锅 牛油火锅(鴛鸯/特辣) 88元/锅, 全牛油火锅(特辣) 98元/锅 鸳鸯火锅 59元/锅, 三鲜火锅 50元/锅, 番茄火锅 59元/锅 红油火锅 59元/锅, 菌汤火锅 59元/锅, 海鲜火锅 59元/锅 无渣火锅 59元/锅
스페셜메뉴	捞派麻辣滑牛(寐) 42元/份, 捞派嫩羊肉(麻) 36元/份 捞派千层毛肚 64元/份, 捞派黄喉(非清真) 36元/份 捞面 4元/份, 捞派巴沙鲂片 38元/份, 捞派鸭肠 26元/份
해산물류	牛蛙 40元/只, 冻虾 34元/份, 泥鳅 28元/份, 墨鱼仔 26元/份 鱿鱼须 24元/份, 鱼肚 22元/份, 捞派豆花 16元/份 草鱼片 28元/份, 草鱼排 22元/份

어묵·완자류	旭伟蟹肉墨鱼滑 50元/份, 西式牛肉滑 42元/份 兆湛撒尿牛肉丸(非清真) 42元/份, 贝柱滑 36元/份 包心蟹丸(非清真) 36元/份, 墨鱼滑 46元/份, 虾滑 46元/份 丸类组合(非清真)44元/份, 羊肉丸 24元/份 精制羊肉滑 28元/份
고기류	澳洲雪花 108元/份, 澳洲肥牛 68元/份, 玫瑰花式牛肉 99元/份, 精品肥牛 58元/份, 肥牛 42元/份, 牛领肉 58元/份 内蒙羔羊肉(卷)36元/份, 羊排卷 42元/份, 太阳卷 56元/份
반조리류	血旺(熟) 16元/份, 香草鸡片 22元/份, 蟹味棒 16元/份 牛脊髓 38元/份, 猪蹄(非清真) 30元/份, 猪脑花(非清真) 30元/份, 潮州肉丸(非清真) 28元/份, 鸭舌 40元/份, 脆皮肠(非清真) 26元/份, 午餐肉(非清真) 26元/份, 肥肠(非清真) 38元/份, 鹌鹑蛋 20元/份, 酥肉(非清真) 26元/份, 鱼豆腐 18元/份, 脱骨鸭掌 28元/份, 五花肉卷(非清真) 26元/份
두부가공·면류	红薯粉带 12元/份, 宽苕粉 12元/份, 土豆粉 14元/份 水晶粉丝 12元1份, 魔芋 10元/份, 魔芋丝 12元/份 生鸡蛋 2元/个, 油条 16元/份, 腐竹 14元/份, 年糕 14元/份 豆腐皮 14元/份, 油豆腐皮 16元/份, 冻豆腐 18元/份, 鲜豆腐 12元/份, 豆制品组合 30元/份
근경·버섯류	山药 16元/份, 冬瓜 12元/份, 白萝卜 12元/份, 红薯 12元/份 土豆 12元/份, 海带 12元/份, 藕片 12元/份, 青笋 12元/份 甜玉米 12元/份, 丝瓜 12元/份, 金针菇 22元/份, 香菇 14元/份, 蟹味菇 14元/份, 平菇 14元/份, 木耳 16元/份, 菌类拼盘 38元/份, 笋片 16元/份

채소류	茼蒿 12元/份, 生菜 12元/份, 香菜 12元/份, 菠菜 12元/份 油麦菜 12元/份, 豆苗 12元/份, 大白菜 12元/份, 蔬菜拼盘 30元/份
신메뉴	羊上脑(卷卷) 56元/份, 捞派佛山鲜嫩丸 28元/份, 菌香炒饭 8元/碗, 捞派羊肚 42元/份, 精致牛肉丸 42元/份, 油条虾 32元/份, 黄腊丁 50元/份
식사·딤섬류	蓝莓山药 16元/份, 风味杏仁糕 10元/份, 白衣山药 12元/份 窝窝头 10元/份, 金银馒头 8元/份, 担担面(非清真) 5元/碗 扬州炒饭(非清真) 8元/碗, 汤圆 5元/碗, 米饭 3元/碗, 火烧 3元/个

출처: 하이디라오(海底捞) 홈페이지-http://www.haidilao.com, 2018.1.1. 검색

위의 <표 2>를 보면, 따로 주문해 먹을 수 있는 식사·딤섬류 외에 총 10가지 카테고리에 111종의 식재료를 열거하고 있다. 해당 식재료는 동일한 품질의 식재료를 전국 매장에 안정적으로 공급해야 한다는 식품유통의 제약과, 끓는 탕에 데쳤을 때 쉽게 익혀질 수 있어야 하는 조건을 감안한 구성이라는 한계를 가질 수밖에 없다는 측면으로 보더라도 상당히 많은 구성임을 알 수 있다. 단순히 산술적으로 계산해서 4인 기준 탕 1종에 각 카테고리에서 3종 정도의 식재료를 선택해 먹는 다면, 19683가지의 주문방식이 나올 수 있게 된다. 이처럼 다양한 식재료를 열거해 먹는 식습관은 앞서 언급한 다양한 식재료 선택의 식습관 전통과 더불어 '의식동원(医食同源)'의 전통 의학사상과 '천인합일(天人合一)'의 전통사상과도 연결이 되어 있다. 이는 중국 전통 중의학과 도가 및 유가사상에서 표방하는 인간은 자연의 일부(天人合一)이니 다양한 식재료를 조화롭게 먹어야 양생(養生)이 된

다는 인식이 식행위로 이어지는 결과를 낳게 되었다. 현대적 관점으로 보자면, 골고루 다양하게 먹어 건강을 유지하자는 식품영양학적 메시지이자 웰빙을 표방하는 현대 요식업의 마케팅과도 잘 어울리는 요소로 볼 수 있다.

2) 사회 계층적 분화로 인한 기근과 포식

두 번째 요소는 사회 계층적 분화를 들 수 있다. 이는 장기간의 봉건체제로 인한 음식권력 독점 현상으로 해석해 볼 수 있는데, 중국의 음식문화 발전 과정에서 중국 사회정치 구조가 양극단으로 분화되어 지속적인 영향을 주고받은 점이 중요한 역할을 했다고 볼 수 있다. 중국 역사상의 사회정치 구조 특징은 혈연 유대의 씨족사회에서 변화한 종법제도(宗法制度)와 자급자족 소농경제 구조를 기초로 한 군주전제(君主專制)제도의 결합이라고 할 수 있다. 세계 역사상에서 그 유래를 찾아보기 힘들 만큼 오랜 기간에 걸친 장기간의 봉건전제 제도로 인해 계급차의 분화가 그 어느 사회보다 뚜렷했다. 기원전 206년 한(漢)나라 때부터 신해혁명 직전까지의 2000년에 걸친 이러한 장기간의 봉건제도는 지배계층의 '탐욕'을 오랜 시간에 걸쳐 체계적으로 발전 시켰고, 그로 인해 중국 음식문화의 발전이 이루어지게 된 것이다. 모든 권력과 경제력이 집중하는 상류계층에게 '음식'은 이미 생물학적 욕구를 넘어서 맛있고, 즐겁고, 늘 새로운 것을 먹기 위한 미학적 범위의 문제가 된다. 또한 각종 '연회'를 통해 사회적 지위를 확인 시키고 주(主)와 군(君)의 관계를 돈독히 하기 위한 사회적 역할

로까지 확대 될 수 있었다.[7] 이 '권력에 의한 음식 독점 현상'에 대해서는 <음식전쟁, 문화전쟁>에서 다음과 같이 정리하고 있다.

> 왕조의 성립은 어느 나라를 막론하고 먹을거리를 통치자에게 집중시키는 결과를 가져왔다. 군주들은 백성들이 힘들여 생산한 곡식과 각종 과일 그리고 가축들을 자신들의 권력을 위해 탕진했다. 실제로 세계 4대 문명권의 하나인 중국 황하 유역에서 꽃을 피웠던 주나라(서기전 11세기)에서는 왕과 귀족들의 음식을 등급으로 규정했다. 청동기로 만든 큰 솥에 각종 고기로 만든 음식들을 담아서 그것의 개수에 따라 일정(一鼎), 삼정(三鼎), 오정(五鼎), 칠정(七鼎), 구정(九鼎)으로 등급을 나누었다. 연회 때마다 제공되는 음식의 가짓수가 곧 그 사람의 정치적 급수를 나타냈다. 왕에게 바쳐진 아홉 개의 솥에는 소, 양, 돼지, 물고기 등으로 만든 각종 요리가 담겼다. 비록 식욕이 인간의 기본적 욕구 라고 하지만, 그것이 권력과 탄탄한 관계를 맺게 되면서 사람들의 음식 욕심은 곧장 정치적 욕구가 되었다.(본문p.25)

이를 인류학자 마빈 해리스는 포트레취 현상이라 표현했다. 결국 중국의 음식문화도 아래로는 '기근'이 먹을 것에 대한 공포를, 위로는 '포식'이 먹을 것에 끊임없는 욕구를 불러일으키며 상호 작용하며 발전 하게 된 것이다. 훠궈의 경우 두께만 조절된다면 다양한 식재료를 거의 무한대로 차용할 수 있는 구조가 '거나하게' 먹는다는 만족을 주게 한다. 가정에서 직접 조리해 먹을 경우나 외식으로 먹는 경우 모두 위의 두 가지 요소, '기근과 포식'의 욕망을 잘 해소해 준다. 외식의 경우 점점 고급화 되고 있는 경향을 보이고 있는데, 1인당 평

---

7) 張岱年,《中國文化概論》, 北京, 北京師范大學出版社, 1994, p.72.

균소비액 100~150元 정도[8]의 '훠궈'는 이제 대중적인 요리라기보다는 사회적 지위를 확인하는 행위로서의 외식상품이 되어가고 있다.

3) 지역 요리 사이의 융화와 변용

세 번째는 지역요리로서의 특징과 장점을 다른 지역요리의 장점을 흡수하여 융화시키고, 변용하여 발전시킨 측면이다. 중국에서는 역사적으로 생태환경, 인문환경과 역사적 상황 등의 요인에 영향을 받는 일정 권역에서 발견되는 어떤 공통된 문화적 통일성을 적용한 '문화권(文化圈)'의 개념으로 지역특성을 설명하는 경향을 보여 왔다. 황허강 중류지역의 '중원문화권', 북방 유목지역 중심의 '북방문화권', 오늘날의 산둥성(山东省) 주변의 '제노(齊魯)문화권', 베이징과 허베이(河北)성 일대의 '연조(燕趙)문화권', 창강 중류부근의 '초(楚)문화권', 창강 하류주변의 '오월(吳越)문화권', 쓰촨(四川)성 부근의 '파촉(巴蜀)문화권' 등의 따위가 그 예이다.[9] 이러한 방법론을 바탕으로 중국 음식문화 연구가 자오룽광(趙榮光)은 12개의 '중국음식문화권'의 분류를 제시한다.

중국요리의 분류법에 흔히 사용하게 되는 'O대 요리' 접근법은 사실 중국요리를 이해하는 데 가장 쉬운 접근법이다. 바로 중국 문화 전반에 생태 환경적, 자연 지리적 특성이 객관적으로 반영되어 있기 때문이다. 중국 음식문화의 특징과 내용에는 이러한 생태 환경적, 자

8) 股城消費, 海底撈火鍋貴不貴 海底撈2人消費大概多少, 股城網, https://consumer.gucheng.com/201707/3285959.shtml, 2017.7.1 게재.

9) 胡兆量(2006) 참조.

연 지리적 특징이 핵심적인 요인으로 작용한다. 그래서 중국 음식문화를 이해하기 위한 첫 걸음은 '요리' 자체가 아니라 바로 '지리학'이라고까지 말 할 수 있다. 재미있는 사실은 가장 쉬운 접근법이기도 한 'O대 요리' 설이 한국 내에서는 통일이 되어 있지 않다는 점이다. 중국의 4대 요리를 말할 때 보면, 쓰촨요리와 광둥요리는 빠지지 않는 데, 어떤 경우에는 베이징요리나 상하이요리를 넣기도 하고, 어떤 경우에는 푸젠요리나 후난요리를 넣어 8대 요리를 말하기도 한다. 실제로 중등교육과정에서 사용되는 진명출판사의 '《중국어교재》'에는 중국의 4대 요리를 북경, 상해, 사천, 광동요리로 구분하여 설명하고 있다. 이런 오류는 중국요리의 '요리계통설(菜系說)'에 대한 이해를 단순히 행정구역과 연동된 '지역요리'로 보기 때문에 벌어지는 현상이다. 쉽게 말하면, 이런 'O대 요리'의 실질적인 의미는 단순히 오늘날의 행정구역 개념이 아니라 '문화유형 구역'의 개념으로 이해해야 한다. 쓰촨, 광둥, 쟝쑤(혹은 화이양), 산둥요리는 오늘날의 행정구역의 개념이 아니라, 각각 창강 상류지역, 주쟝강 유역, 창강 하류지역, 황허강 유역 등의 권역 개념으로 봐야 하는 것이다. 이런 권역개념으로 보면 베이징 지역요리가 산둥권역요리의 지류로, 상하이나 항저우 지역요리는 쟝쑤(혹은 화이양)권역요리의 한 지류로 들어가게 되는 것이다. 이런 권역의 개념으로 '趙榮光'은 중국 4대 요리계통을 아래와 같이 분류하고 있다.

♠ 쓰촨요리 계통(창강(長江) 상류지역: 쓰촨성, 윈난성, 궤이저우성, 후난성, 후베이성 일대)

♠ 광둥요리계통(주쟝강(珠江)유역: 광둥성,광시성,푸젠성, 하이난다오섬, 타이완, 홍콩 일대)

♠ 장쑤(혹은 화이양)요리계통(창강 하류지역: 장시성, 상하이, 저장성, 장쑤성, 안훼이성 일대),

♠ 산둥요리계통(황허(黃河)강 하류지역: 산둥성, 베이징, 톈진, 허베이성, 동북 3성 일부 일대)

으로 정리해 볼 수 있겠다.[10]

물론 베이징요리나 상하이, 항저우 요리 가운데 독특한 풍미와 내용으로 독립된 요리들이 많이 있으나, 이런 국지성 지역요리를 'O대 요리'라는 틀로 나눈다면, 중국요리를 '30대 요리' 요리쯤으로 분류해야 할 정도로 그 체계성 면에서 문제가 있다는 얘기다. 무슨 기준을 가지고 8대 요리나 10대 요리까지 정할 것인가에 대한 기본 룰도 정해져 있지 않기 때문에 자칫 밥그릇 싸움만 될 가능성이 큰 논쟁이다. 이 때문에 중국 학계에서도 '요리계통설'에 대해 가급적 '4대 요리' 이상으로 구분하려는 움직임은 자제하고 있다. 학계 외의 영역에서는 중국요리 계통에 대한 분류가 더욱 다양하다. 이는 현대에 접어들어 여행업의 성행과 내수경제 활성화, 경제적 발전과 맞물려 나타난 현상으로, 실제적인 구분의 의미는 없다고 볼 수 있는 요리 계통설이다. 물론 요식업의 세분화와 상품화라는 측면에서 보자면 재미있고 흥미로운 구분법으로 볼 수 있겠다. 현존하는 기타 요리계통 분류로는, 4대, 5대, 6대, 7대, 8대, 10대, 12대, 14대, 16대, 18대, 19대, 20대 계통설(20대 요리계통설: 베이징, 상하이, 쓰촨, 장쑤, 광둥, 산둥, 저장, 푸젠, 안훼이, 후난, 호베이, 허난, 산시, 랴오닝, 윈난, 홍콩, 채식, 이슬람, 방선(仿膳:궁중요리), 소수 민족요리)까지 확장되어 있다.

10) 趙榮光,《飮食文化概論》, 北京: 中國輕工業出版社, 2000年, p.42.

<표-3: 중국 주요 요리계통설>

분류	구성	자료출처
4대요리	1. 鲁, 苏, 川, 粤 2. 京, 川, 扬, 粤 3. 川, 鲁, 粤, 淮扬	1.《鲁菜概述》,《中国烹饪》1985年3月. 2. 陶文台,《江苏名馔古今谈》,江苏人民出版社,1981年. 3. 熊四智,《中国烹饪学概论》,四川烹饪专科学校,1986年.
6대요리	1. 京鲁, 江浙, 川滇, 闽粤, 徽赣, 湘粤 2. 鲁, 川, 粤, 苏, 宫廷, 民族	1. 1950年代行业内流行 2.《烹饪技术教材》
8대요리	1. 京朝, 淮扬, 川, 粤, 云, 闽, 豫, 湘 2. 鲁, 苏, 川, 粤, 浙, 徽, 湘, 闽(或鄂, 京, 沪)	1. 张起均,《烹调原理》 2. 陈光新,《四川烹饪》, 1992年 第1期.
20대요리	京, 沪, 川, 苏, 鲁, 粤, 浙, 闽, 徽, 湘, 鄂, 豫, 秦, 辽, 港, 素, 清真, 仿膳, 民族	《中国的菜系》(内部资料)

자료출처: 趙榮光,《飮食文化概論》, 北京: 中國輕工業出版社, 2000年, p.42

중국내 학계에서는 이 요리체계의 구분을 위해 학술적인 가이드라인을 제시하고 있기는 하다. 중국 요리협회에서 발행한 '중국요리백과사전(中國烹飪百科全書)'에는 하나의 권역 요리가 되기 위한 조건으로 다음과 같은 요소들을 제시하고 있다. 첫째, 생태 및 자연 지리적 조건의 유사성이다. 동일하거나 유사한 생태 환경과 자연 지리적 조건을 갖추고 있어야 한다는 것이다. 생태환경에 영향에 따라 얻을 수 있는 식재료가 정해지고, 그로 인해 조리법, 조리도구, 조미료, 조리 과정 등에 영향을 받게 된다는 의미이다. 해안가와 내륙의 식재료 구성이 달라질 수밖에 없고, 농경지대와 유목지대의 그것 또한 확연하게 차이를 보일 수밖에 없다. 이런 권역은 단순한 행정구역으로 나눌 수는 없는 것이다. 둘째, 역사, 정치적 요인을 들고 있다. 중국의 지역적 구분법에 의한 관점으로, 중원지역과 변방지역, 한족의 거주지역과 소수민족의 거주지역, 남방과 북방, 역대 왕조의 수도지역, 유목민족의 활동지역 등의 요소나 특정 지역에 일정기간 통일된 왕조가 존재 했는가 등의 사안들이 반영될 수밖에 없다는 것이다. 예를 들면, 산둥지역의 경우 노(魯)나라 지역이었다. 때문에 산둥요리를 노채(魯菜)라고 하는 것이다. 또한 이 지역은 역대로 중국 왕조의 수도가 위치해 있었던 곳이다. 따라서 요리의 전통을 중시하게 되어 조리법이나 요리 전반에 관련된 사항들을 쉽게 바꾸거나 변형시켜내지 못한다. 전통을 고수한다는 측면에서는 바람직하나, 시대적 변화에 따라 빠르게 변할 수밖에 없는 요리의 특성상 도태되는 태생적 한계를 지닐 수밖에 없게 된다. 현대 요식업계에서도 이런 특성이 반영되어 가장 고전하고 있는 요리가 바로 산동요리들이다. 셋째, 지역 특산의 성격을 지닌 원료나 조미료가 일정 정도 이상 있어야 한다. 예를 들면 쓰촨의 두반장, 산둥의 면장 같은 조미료를 말한다. 두반장과 산초열매가 없으면 쓰촨요리의 매운 풍미를 살릴 수 없게 되고, 면장이 없으면 달달하고 짠 산둥요리 특유의 맛을 살리지 못하게 된다. 광둥요리에 흔히 쓰이는 굴소스나 중국식 햄 또한 이에 속한다. 역으로 보자면, 두반장을 기본 소스로 하는 요리는 쓰촨요리 계통으로 볼 수 있게 된다는 말이다. 집에서 가장 간단히 만들어 먹을 수 있는 광둥요리는 굴소스를 곁들어 먹는 요리가 된다. 지역특산을 반영한 원료로 들 수 있는 경우는 전복, 해삼, 게 같은 해산물을 들 수 있다. 바다에 인접한 광둥지역만의 고급 식재료로, 쓰촨이나 산둥 같은 내륙 지역의 요리에서는 전통적으로 활용되기가 힘든 구조를 만들게 된다. 그렇다면, 두반장 소스로 해삼을 볶았다면 어느 지역 요리 계통으로 분류해야 하는가를 고민해야 할지도 모른다. 오늘날 물류의 활성화가 보편적이고 전국이 1일 생활권에 접어든 환경에서 특정 지역 조리특징만을 고수하기도 힘들고, 중국 요리의 가변성의 특성상 그런 식의 교조적 방식을 선택할 가능성이 없다. 그렇다면 중국 요리에서 혼용되는 요소들의 우선순위는 어떻게 정해지고 있을까? 공식적인 규범은 없지만, 요리사들의 기본기와 중국 요리의 조리적 메커니즘을 감안하여 기본적인 규범을 정해본다면, 먼저 조리법 ⇨ 소스 ⇨ 식재료의 순으로 정리될 수 있을 것이다. 물론 오늘날의 현대 중국요리들은 각 지역의 장점들이 융화되는 퓨전화가 진행되고 있다. 최근 들어 가장 환영받았던 요리 가운데 '칠리 게' 요리가 있었는데, 이 요리는 쓰촨요리의 대표 소스인 두반장에, 광둥, 화이양 요리의 주 식재료인 해산물을 혼용해 만들어낸 새로운 퓨전 중국요리인 것이다. 앞으로의 방향도, 각각의 장점들이 혼용되고 수용하고 개선하여 만들어지는 방식의 요리가 주를 이루게 될 것이다. 넷째, 지역적 특성이 반영된 대표적인 조리법이 일정 가짓수 이상 존재해야 한다. 예를 들면 산둥의 '탕' 조리법이 그것이다. 중국요리의 조리법을 크게 나누어 보면, 어떻게 익히는가의 방법으로 네 가지로 나눌 수 있다. 불을 활용한 조리법, 물로 익히는 조리법, 증기로 익히는 조리법, 기름으로 익히는 조리법 등이다. 이 조리법이 응용되어 중국 요리의 대표적인 조리법으로 정형화된 것이 대략 30가지 정도이고, 더 세분화하면 467종의 조리법이 나온다. 30가지의 기본 조리법들 가운데 몇 가지는 특정 요리계통의 전통 조리법으로 분류되어 있다. 앞서 말한 '탕'을 우려내는 조리법은 산둥지역의 대표적인 조리법이며, 우리가 먹는 탕수육에 적용되는 '탕초(糖醋)'조리법 또한 산둥지역의 대표적인 조리법이다. 만약에 요리 이름 앞에 '탕초'가 붙는 다면 그 요리는 산둥요리에 속하게 된다. 물론, 기본적인 조리법 그 자체, 또는 방식 한가지에만 한정되는 것이 아니라, 함께 사용되는 소스와 그 소스를 어떻게 입히고 재료와 버무려 낼 것인가의 조리방식과 함께 진행되는 것이다. 예를 들면, '어향(魚香)'이라는 조리법은 두반장을 재료와 함께 조려내는 방식으로 만드는 조리법이다. 이 조리법(혹은 소스 제조법)은 쓰촨요리만의 기술이며, 따라서 요리이름에 '어향'이 들어간다면, 그 요리는 쓰촨요리에 속하게 된다. 다섯째, 정형화된 코스요리를 구성할 수 있는 일정 정도의 수준이 되는 요리의 가짓수가 있어야 한다. 중국요리는 모든 요리를 한 번에 차려 놓고 먹는 우리의 '평면 전개형'이 아닌, 시간의 흐름에 따라, 용도와 내용에 따라 순차적으로 나오는 '시계열형'의 방식을 차용하고 있다. 이런 특성은 우리가 이미 평소에 중국요리가 코스요리 방식으로 전개된다는 점을 인지하고 있다. 시계열형의 전개 과정에서 요리의 종류와 용도에 따른 배치가 진행되게 된다. 먼저 입맛을 돋아주는 전채에 해당하는 냉채(冷菜)종류가 나오고, 메인요리인 열채(熱菜)요리가 나온다. 요리가 다 나오고 나서야 주식과 딤섬, 탕이 나오게 된다. 이런 과정에서 문제가 되는 것은 냉채의 종류와 열채의 종류, 주식과 딤섬, 탕의 종류가 조합이 가능하도록 일정 수준 이상의 물리적 수량을 가지고 있어야 된다는 점이다. 해당 지역요리를 대표할만한 구성원 중에 냉채요리가 적다거나, 주식이나 탕 종류가 부족하다면, 중국인들의 관념에서는 완전한 연회로 받아들여지지 않게 된다. 오늘날 중대규모 이상의 중국 식당 메뉴판 구성을 보면, 냉채가 30가지 이상, 열채가 50가지 이상, 주식 및 딤섬이 30가지 이상, 탕류가 10가지 이상 정도는 구비되어 있어야 식당 운영이 된다. 예를 들어 베이징 요리가 독립된 요리체계로 분화될 수 없는 이유도, 이 만큼의 물량을 확보할만한 요리 구성원이 부족하기 때문이다. 여섯째, 수세기 이상의 시간과 역사동안 축적된 검증이 있어야 한다. 역사와 전통의 의미를 중요시 하는 중국의 특성상 요리도 예외일 수 없다. 상하이 요리가 독립적인 요리계통으로 분류되지 못하는 이유가 바로 이것이다. 1291년 원(元)대에 들어서야 겨우 현(縣)급의 행정구역이 형성되었고, 아편전쟁(1843년) 이후 열강의 조차지로서 개항된 것을 계기로 불과 150년 남짓의 도시형성 역사를 갖고 있는 상하이의 음식문화는 독립된 계통으로 분류하기에 역사적, 사회적 누적이 부족하다. 오히려 주변 장쑤성, 저장성, 안훼이성 등지에서 수천 년간 전승된 전통음식문화의 영향을 수용하여 변화시킨 하나의 지류로 봐야한다.

물론 이런 여섯 가지 기준들도 쉽게 계량화 되고 수치화 될 수 있는 기준들은 분명 아니다. 그럼에도 불구하고 선진(先秦)시대부터 형성되어온 지역적 특수성이 반영된 객관적인 조건을 갖춘 중국의 권역요리는 일정한 규범으로 나눌 수 있다고 본다. 오랜 시간동안 역사적, 사회적, 정치적, 생태 환경적 요인으로 형성되는 동일한(혹은 유사한) 패턴이 반영되는 요리들과 조리법들은 하나의 계통화로 묶을 수 있는 보편적 특징들을 보이게 마련이므로, 이러한 기준에 준하여 요리계통을 분류하는 방식이 가장 합리적인 선택이라 보여 진다. 결국, 중국요리계통에서 4대 요리(산둥, 쓰촨, 장쑤(화이양), 광둥) 이상으로 구분하여 논하는 것은 의미도 없거니와 정확하지 않는 논법이라 말할 수 있다.[11]

이런 4대 요리계통설의 틀에서 등장한 것이 5대 요리계통설과 6대 요리계통설이다. 5대 요리계통설의 대상은 시안(西安)을 중심으로 하는 지역요리이고, 6대 요리계통설의 대상이 바로 동북지역 요리이다. 앞서 살펴본 하나의 요리계통이 되기 위한 여섯 가지 조건을 통해 살펴보자면, 시안지역 요리나 동북지역 요리는 기준을 만족시키기 어려운 조건들을 가지고 있다고 볼 수 있다. 동북지역 요리의 경우, 주로 민간의 일상 음식들이 주를 이루는 요리로, 가짓수나 식재료의 다양한 활용, 지역을 대표할 만한 소스나 조리법이 많지 않다. 이런 학설이 제기 되는 배경에는 국가정책이 놓여있다. 바로 중국 정부에서 추진하는 '서부대개발 프로젝트'와 '동북3성 진흥 프로젝트'가 그것이다. 중국 학계가 그동안 보여 온 관변적 학술 태도가 여론 조성의 필요성이 대두되는 정부의 의도와 맞물려 제기되고 있다고 보아야 한다. 엄밀하게 말하자면, 시안지역의 요리, 혹은 동북지역의 요리들로 하나의 연회를 구성해 보라는 시험을 준다면, 결국 대부분을 다른 지역 요리로 채워야 하는 결과를 보게 될 것이기 때문이다. 이는 최근 한국에서도 지방자치 행정의 일환으로 관변 주도로 진행되고 있는 지역 특산 요리의 무분별한 개발, 한식의 세계화 등의 정책에서 무엇이 문제인지를 보여주는 사례라 볼 수 있다. 중국요리도 이런 인위적 방식으로 시장에서 사라지는 경우가 많았다. 앞서 언급한 산둥요리 계통의 요리들이 그랬다. '훠궈'는 정반대의 길을 걸었다. 시장의 요구를 정확히 반영하여 늘 변해왔다. 중국인들에게는 낯설었던 식재료인 '소고기'까지 훠궈의 재료로 수용했다. 지역요리 구분으로 보자면, 훠궈는 쓰촨요리이다. '매운 맛'을 기본으로 하는 탕과 조미료, 소

11) 이상의 지역요리 구분기준은 中國烹飪百科全書編委會,《中國烹飪百科全書》, 北京, 中國大百科全書出版社, 1995.를 참조할 것.

스, 조리방식, 식재료의 선택과 구성, 식사 방식 등을 전반적으로 감안해 보면, 쓰촨요리로 분류할 수 있다. 상품화도 가장 먼저 쓰촨지역에서 시작되어 해당지역 요리의 특징을 많이 담고 있다. 그러나 최근 훠궈식당들의 요리를 보면 4개 권역 음식문화 특징을 다 담고 있다고 볼 수 있다. 기본 육수와 탕을 중시하는 산둥요리의 특성은 여러 종류의 훠궈탕을 개발하는 방식으로 확장되었다. 해산물 등 기본식재료로 요리를 관장하는 광둥요리의 특징은 훠궈가 해산물 위주의 식재료로 확장으로 모습으로 수용하고 있다. 코스요리의 구성과 요리간 밸런스를 중시하는 화이양요리의 특성도 담겨있다. 결국, '훠궈'요리의 기승전결의 요소에는 중국 4대 요리가 가지고 있는 각각의 특징 중 시장과 대중의 기호에 맞게 모두 융화해 담겨져 있다는 점을 알 수 있다. 여기에 더해 중국의 북방유목민족 음식문화 특징도 볼 수 있다. 훠궈의 기원과 관련된 부분이기도 하다. 원래 '훠궈'는 우리의 전골처럼 식탁에서 직접 가열해 가면서 먹는 냄비형태의 '조리용 식기'를 말한다. 1920년대 무렵 쓰촨 일대에서 이 '훠궈'용기를 활용한 요리가 유행하면서 본래의 '조리용 냄비'라는 뜻이 전의되어 조리방식, 또는 '요리 자체'를 의미하게 되었다. 우리의 '뚝배기'와 같은 원리이다. 국물 없이 재료를 졸여 먹는 '찌게 형태'의 방식과 탕을 용매로 사용해 데쳐 먹는 조리방식으로 나눈다. 전자의 대표적인 요리가 광둥(廣东)지역 요리인 '다비옌루(打邊爐)', 후자가 바로 우리가 흔히 먹는 샤브샤브 형태의 요리이다.[12] '쏸양러우(涮羊肉)'는 일종의 '베이징식 훠궈'로 볼 수 있다. 훠궈는 17세기 중엽 청나라 황실연회 메뉴에 들어가면서 전통요리의 한 구성원이 되었다. 훠궈의 기원에 대해

12) 中國烹飪百科全書編委會,《中國烹飪百科全書》, 北京, 中國大百科全書出版社, 1995, p.263.

서, 다양한 학설이 있다. 불의 발견 이후, 식재료를 '탕'류로 익혀먹는 방법은 어느 문명권에서나 존재했을 것이기 때문이다. 다만, 중국인들은 훈고학적 관점에서 말한다. 출토유물로 보자면 동한(东漢:기원 2세기) 무렵, 문헌기록으로 보자면 남북조(南北朝: 기원 3세기) 시기에 이미 훠궈의 기미를 볼 수 있다고 주장한다. 오늘날의 요리 형태로 자리를 잡아 실물로 등장하게 된 것은 북송(北宋)~원(元)나라 무렵이니, 늦어도 13세기 중엽 무렵에 기원을 두고 있다고 보는 게 맞다.[13] 초창기 훠궈식당은 주로 내몽고지역에 기반을 둔 기업들이 양고기를 메인 고기로 삼아 메뉴로 구성한 경우가 많았다. 지금은 바이성(百胜)그룹에 합병된 '샤오페이양(小肥羊)' 식당이나 2016년 중국 요식업 전체 매출액 10위를 차지한 내몽고 '샤오웨이양(小尾羊) 식당이 그것이다.

4) 요식업 환경에 적응하는 가변성

네 번째는 요식업 환경에 적응하는 가변성 요소이다. 중국역사에서 오늘날 개념의 요식업 형태가 제대로 갖춰진 시기를 송(宋)대로 볼 수 있다. 이 시기에는 무역과 상업이 발달하여 주루(酒樓), 차방(茶坊), 식품점(食店) 등이 본격적으로 수익을 내기 위한 경쟁업종형태로 등장했고, 이에 따라 주방도 분업화하는 틀을 갖추게 되었다.[14] 개혁개방 이후 중국의 요식업은 매년 두 자리 수 이상 성장하며 비약적인 발전과 변화를 이루었다. 현재 시점에서 요식업 매출 순위로 보면, 아래와 같다.

---

13) 李樂淸, 《四川火鍋大全》, 四川, 四川科學技術出版社, 2009, p.2.

14) 徐文苑, 《中國飮食文化概論》, 北京, 淸華大學出版社,2005, p.41.

<표: 2016년 요식업 매출 10대기업>

순위	기업명	주요 메인요리
1	百胜中国控股有限公司	KFC 등 패스트푸드
2	天津顶巧餐饮服务咨询有限公司	서양식 패스트푸드
3	重庆五斗米饮食文化有限公司	종합 프랜차이즈 (훠궈 체인점포함)
4	四川海底捞餐饮股份有限公司	쓰촨식 훠궈
5	福建佳客来食品股份有限公司	스테이크 전문점
6	重庆朝天门餐饮控股集团有限公司	쓰촨식 훠궈
7	重庆刘一手餐饮管理有限公司	쓰촨식 훠궈
8	北京黄记煌餐饮管理有限责任公司	북방식 퓨전 훠궈 (조림소스 훠궈류)
9	山东凯瑞餐饮集团	산둥요리
10	内蒙古小尾羊餐饮连锁股份有限公司	몽고식 훠궈
11	北京华天饮食集团公司	전통 라오즈하오 연합
12	真功夫餐饮管理有限公司	중국식 패스트푸드
13	江苏品尚餐饮连锁管理有限公司	홍콩식 훠궈
14	小南国(集团)有限公司	정찬, 퓨전
15	重庆秦妈餐饮管理有限公司	쓰촨식 훠궈
16	北京李先生加州牛肉面大王有限公司	중국식 패스트푸드
17	北京西贝餐饮管理有限公司	북방식 유목민족 전통음식
18	重庆陶然居饮食文化(集团)股份有限公司	쓰촨요리
19	呷哺呷哺餐饮管理有限公司	타이완식 훠궈
20	重庆巴将军饮食文化发展有限公司	쓰촨식 훠궈

출처: http://www.maigoo.com, 2018.1.1 검색

2016년 중국 요식업 매출 상위 20개 기업 중 정확히 절반인 10개 기업이 '훠궈'를 주메뉴로 하는 프랜차이즈 업체이다. 재미있는 것은 서양식 패스트푸드 업체가 전체 영업매출에서 상당 부분 점유율을 차지하고 있는 상황에서, 훠궈가 중국요리전통의 맥을 '선양(宣揚)'하며 대표선수로서 싸우고 있다는 점이다. 시장경제 진입 이후 단 한 번도 영업매출 1위를 놓친 적이 없는, KFC와 피자헛을 거느리고 있는 바이성(百胜)그룹, 2016년 매출 2위를 달리고 있는 톈진딩챠오(天津頂巧)그룹도 서양식 패스트푸드를 다루는 기업이다. 영업매출을 밝히지 않아 기업 순위를 알기는 어려우나, 업계에서는 2~3위 정도로 보고 있는 맥도날드 그룹까지 포함하면, 중국 요식업 매출 1~3위를 모두 정크푸드라 일컫는 '패스트푸드' 기업이 차지하고 있다. 요리문명국 자존심에 큰 상처가 되는 아이러니이다. 전국을 커버할 수 있는 가맹점포 수, 원활한 식재료의 유통과 공급, 동일한 수준의 맛을 유지해야 하는 현대 프렌차이즈식 경영방식에서 '훠궈'만이 적응하고 있다. 이는 중국 전통요리의 가치를 얼마나 수용적으로 시장에 맞게 변용시킬 수 있는 메커니즘을 가지고 있느냐의 문제와도 관련이 있다. 중국인들은 전통적으로 요리의 가치를 평가할 때는 색(色), 향(香), 미(味), 기(器), 형(形) 등 5가지 요소간의 밸런스를 본다. 세 가지는 맛, 두 가지는 모양과 관련이 있다. 중국요리협회의 강령에 "중국요리는 맛을 핵심으로, 영양을 그 목적으로 한다."고 밝히고 있듯이, 중국요리는 '맛'이 핵심이다. 그래서 중국 요리사들은 스시나 스테이크를 요리로 보지 않는다. 중국어로 요리를 '팽조(烹調)'라 하는데, 스시는 '팽(익힘)'이, 스테이크는 '조(맛내기)'가 부족해서이다. 그래서 믿기 힘들겠지만, 중국요리의 모든 레시피에는 반드시 중국식 인공조미료인 '계정(鷄精)'이 들어간다. 물론, 맛의 기준은 상대적이며, 현대 건강과 웰빙의 기조에서 중국도 자유롭지는 않다. 훠궈는 식재료와 탕의 종류, 소스와 탕의 맛, 식기와 용기의 변화로 전통가치를 잃지 않고 살아남기 위해 끊임없이 변해왔다. 중국 요리사들의 가장 큰 고민도 전통요리에 어떻게 새로운 변화를 줄 것인가에 있다. 이런 고민에 답을 주고 훠궈가 중국 요식업의 '스테디셀러'로 자리 잡을 수 있게 처음으로 길을 열어준 것이 태극문양의 식기로 매운 맛의 홍탕과 담백한 맛의 청탕을 동시에 담아낸 '원앙훠궈(鴛鴦火鍋)'이다. 이 원앙훠궈는 1983년에 개최된 제1회 전국 요리 경연대회에 '쌍미훠궈(双味火鍋)'라는 이름으로 출품되어 호평을 받았고, 1985년 무렵에 상품화 되었다.[15] '맛'에 대한 기호선택의 발상전환과 '음양(陰陽)' 철학의 메시지 덕에 오늘날 훠궈 육수의 기본 구성으로 자리 잡게 되었다. 훠궈의 두 번째 변신은 '소고기 훠궈'와 '버섯 훠궈'들이다. 이들은 양고기 위주의 재료에 변화를 줌으로써 새로운 활로를 열어 준 셈이다. 세 번째 변화는 '탄위터우'로 대표되는 '탕'의 변화다. 기존에 '육수' 위주에서 이제는 생선, 게, 자라 등으로도 탕의 맛을 내며 탕 자체에 변화를 줄 수 있게 된 것이다. 2005년 무렵 네 번째 변화로, '샤오페이양'으로 대표되는 훠궈들이 등장했다. 깨장이나 참기름장 등의 소스에 재료를 찍어 먹어야 한다는 발상에서 직접 탕즙을 배게 하여 먹을 수 있다는 전환은 이들 '네이멍구 샤오페이양 그룹'을 단숨에 중국 요식업 100대기업 가운데 랭킹 2위로 올라서게 만든 원동력이 되었다. 1990년대 이전까지 중국요리사들이 갖고 있었던 고집은 '전통 레시피의 사수'였으나, '원앙훠궈'의 성공을 지켜보면서 전통의 틀을 크게 깨지 않고도 조금씩 새로운 변화를 주면 오히려 훌륭한 상품이 된다는 것을

15) 任百尊, 《中國食經》, 上海, 上海文藝出版社, 1999, p.473.

깨닫게 된 것이다. 이런 의미에서 본다면 '훠궈'나 '쏸양러우'의 중국 음식문화에 대한 공헌은 지대하다고 볼 수 있다. 2017년 현재 훠궈의 트렌드는 '차별화'이다. 대표적 사례로 2016년 중국내 요식업매출 4위, 훠궈전문 업체로는 1위를 차지한, '하이디라오(海底捞)'식당을 들 수 있다. 하이디라오의 차별화 전략은 퍼포먼스와 서비스였다. 요리 자체는 흔히 말하는 상향평준화 된 상황에서, 차별화된 콘텐츠를 개발하여 2008년 이후 줄곧 중국 요식업 100대기업에 들었다. 주문을 하면 제면사가 면을 뽑는 과정을 직접 식탁에 와서 보여준다. 현란한 동작은 마치 공연을 보는듯한 느낌을 준다. 대기 손님들에게는 간식과 과일, 음료, 잡지가 무료로 제공되고, 네일아트와 구두까지 닦아준다. 자체 직영 식재료 재배 기지를 운영하며 친환경적인 요리와 고객의 건강에도 신경 쓴다는 어필도 한다. 웰빙과 힐링을 촌스럽지 않는 방식으로 구현했던 게 주효했다. 중국인들에게 식사는 중요한 엔터테인먼트인 것이다. 이러한 시장에서 훠궈의 적응방식을 보면, 전통의 기본기를 잃지 않는 선에서 각 지역요리의 장점, 서양식 요식업종 생리에 대한 수용, 현대적 경영 마케팅에 이르기까지 훠궈의 탕 용기처럼 모든 것을 하나로 녹여내고 있다. 단순히 섞는 형태의 조합이 아니라, 많은 시행착오를 거쳐 보완의 상승효과를 내는 세련된 콘텐츠로 만들어 내는 모습을 보이고 있다. 이런 과정을 잘 관찰하면 중국 전통문화 콘텐츠를 어떻게 현대적 관점에서 상품화할 것인가에 대한 해답을 줄 수도 있어 보인다.

5) 철학 사상적 영향과 민속적 행위

다섯 번째는 중국의 철학 사상적 영향과 민속적 측면이다. 중국인들에게 요리와 먹는 행위는 단순한 일상사가 아니다. 하나의 이벤트이자 사회적 관계 맺기의 중요한 수단이자 종교이다. 중국인들은 식사나 회식에서 마치 주기도문처럼 권두언으로 쓰는 표현에 '음식남녀(飮食男女)'와 '민이식위천(民以食爲天)'이있다. 전자는 예기(礼記)「예운(礼運)편」에 나오는 "飮食男女, 人之大欲存焉"에서, 후자는 사기(史記)에 나오는 관자(管子)의 "王以民爲天, 民以食爲天"의 일부이다. 중국 음식문화에서 특히 '사상, 철학, 종교'적 요인이 역사적으로 중요한 역할을 해 왔다. 이는 중국에서 선진(先秦)시대 이래 수많은 정치가, 사상가, 철학자, 의학 연구자, 예술 종사자 등이 '음식'을 하나의 사상적 실천 행위의 수단, 또는 '수신(修身)'과 '치국(治國)'의 수단으로 삼아온 역사적 전통이 있어 왔기 때문이다. 이러한 전통으로 인해 '음식'은 단순히 생명 유지의 수단으로서만 머문 것이 아니라 일종의 사상적, 철학적 문제를 구체적으로 구현하는 범주로까지 확대 되었다. 음양(陰陽)가 들에게는 음식이 몸의 음양을 조절하는 하나의 '수신' 수단이었고, 법가(法家) 사상가들에게는 사치와 낭비를 절제하는 도리를 통해 나라의 '법 전통'을 세우는 반면 교훈으로, 묵가(墨家) 사상가들에게는 폭식이나 폭음의 절제를 통한 '적당함'에 대한 교리를 설파하는 수단이 되었다. 또한 유가(儒家)에서는 음식 행위에 대한 제도, 의례, 규범 등을 정하여 '음식'을 통해 '예(禮)'를 구현하려고 했으며, 도가(道家)에서는 자연과 인간의 조화를 꾀하는 '법자연(法自然)'의 원리를 '양생(養生)'이라는 실천 행위로 구현하려고 했다. 불교에서는 금욕과 수행을 통해 '소식(素食:채식주의)'의 전통과 제도를 만들어 갔고, 이슬람교에서는 경전의 교리를 '음식 금기'를 통해 구현하기도 했다.[16] 이처럼 중국에서 음식은 인간의 사상과 철학, 종교에 영향을 주기도, 반대로 받기도 하는 상호작용의 과정을 거쳐 오늘날의 중국음식문화가 형성된 것이다. 중국 요리의 색깔과 재료의 배합, 코스요리의 순서, 젓가락과 숟가락의 활용, 금기되고 기피되는 음식, '별실'과 회식 문화, 볶음 요리의 발달, 약선(葯膳)요리의 등장, 차문화의 발달 등등의 모습 들이 바로 사상, 철학, 종교적 영향과 관련되어 있는 현상 들이라고 볼 수 있다. 훠궈와 관련된 대표적 현상은 두 가지 사상과 관련이 있다. 바로 도가의 음양오행사상과 양생, 유가의 천인합일과 식예(飮礼)이다. 중국요리는 천인합일(天人合一)'의 사상적 영향으로 역대로 '잡식'이라는 식행위가 자연스럽게 받아 들여졌으며, 도가사상의 영향과 '양생학'의 영향으로 재료의 모든 부위를 이용하는 조리법을 응용해 왔다. 예를 들면 물고기의 경우 고기의 지느러미, 내장, 비늘, 뼈 등의 각 부위를 독립적인 요리로 만들었고, 양고기의 경우 '전양석(全羊席)'이라는 양고기의 모든 부위를 하나의 코스연회로 만들어 낼 정도로 재료 활용에 적극적이었다. 단순히 이런 원천 재료 확보의 다양함과 풍부함이 가져다주는 물량적인 우위에만 만족해 머문 것이 아니라 각종 가공 및 보관 기술을 적극적으로 개발하게 되어 전반적인 음식문화가 발전할 수 있었다. 훠궈에서 볼 수 있는 음양오행사상의 대표적인 예는 앞서 살펴본 '원앙훠궈'이다. 처음에는 태극문양의 용기에 담기던 것이 훗날 다양한 형태로 바뀌었다. 또한 날씨가 쌀쌀해지기 시작하면 훠궈나 쏸양러우를 먹으러 가자는 것이 중국인들의 습관이다. 이것은 금(金) 속성을 갖는 가을 무렵에

16) 徐海榮, 《中國飮食史》 一卷, 北京, 華夏出版社, 1999.

화(火)의 속성을 가진 양고기를 먹어 몸을 보양하자는 음양오행적 관념과 양생의 관념이 발현된 민속적 행위이다. 식예의 경우는 중국인들의 회식과 관련된 사회적 관계 맺기의 예를 들 수 있다. 훠궈는 중국의 사회적 관계 맺기 메커니즘에 가장 어울리는 요리다. 중국인들의 '꽌시(關系)'를 도형으로 표현하자면 '원(圓)'이다. 명절과 기념일에 가족과 지인들이 둥근 식탁에 모여 회포를 푸는 '투안위안(團圓)'이라는 민속적 행위에 훠궈의 식사방식이 정확하게 부합한다. 우리네 찌개처럼 한 용기에서 젓가락을 부딪혀가며 정을 나누고, 이어령 교수의 표현대로 '침을 통한 교류'로 함께 먹는다. 넉넉하게 푸짐하게 대접해야 한다는 중국 전통 접객 원칙도 충족한다. 심지어 호스트와 게스트가 '조리(데침:涮)'과정에 참여하여 함께 만든다. 두께만 조절된다면 거의 모든 식재료를 활용할 수 있다는 점은 다양한 요리를 시차를 갖고 순차적으로 내어 하나의 코스로 함께 떠먹는 방식인 중국 전통의 '시계열형' 식사법을 만족시킨다. 연회로 관계를 맺고 회포를 푼다는 중국의 전통적 민속행위가 가장 부합하는 요리가 훠궈이다.

3. 맺음말

중국 음식문화와 관련된 현상은 중국인들의 삶과 생활을 반영하고 있다. 중국 음식문화 내연의 전통적 요소들이 오늘날 어떻게 외연화 되고 있는가를 살펴보는 작업은 중국인들이 어떻게 살고 있는가를 알게 해주는 구체적 자료를 축적하는 과정이다. 현재 중국 음식문화 변화의 특징을 요약하자면 전통과 현대, 중국과 서양, 중국내 지역 간의 '퓨전화 현상'이라 할 수 있다. 중국요리의 전형적 특징인 '조리법'과 '지역요리 계통'특성이 시장 논리와 식품산업화의 필요에 의해 재고되고 있고, 인구의 유동, 새로운 요리개발 등으로 인해 '지역요리 계통'의 전통이 무의미해지고 있는 변화도 겪고 있다. 이는 소득격차에 따른 음식소비 계층 차이까지 만들어 내는 현상으로 확장되고 있다. 또한 중국요리 조리법의 전통적 가치들인 조리방법, 재료선택, 맛내기의 다양함은 영양소 파괴, 유해 물질 생성, 생태계 파괴 등의 문제점을 안고 있고, 그에 따른 개선의 문제가 불거졌다. 게다가 애초의 오랜 숙련 과정을 거치며 경험과 노하우, 직관적 감각에 의존하여 스승에서 제자로 전승되던 개별 요리사의 가변적 시스템으로는 식당의 대형 체인화, 대량생산, 식품 산업화에 맞설 수 없는 한계를 지적하기도 한다. 다른 한편에서는 이미 새로운 학문 장르인 식품 영양학, 위생학, 식품 가공학, 호텔경영학 등의 장점을 접목하고, 중의학을 근간으로 한 '약선요리'의 개발 등으로 적극적 대안을 마련하고 있음을 알 수 있다. 이러한 중국음식문화의 변화를 고스란히 담고 있는 요리가 훠궈이고, 이런 외연적 모습은 중국전통문화가 가지고 있는 내연과 현대에서의 그 변화양상과 매우 닮아있다.

이런 다양한 한계와 문제를 해결해 나가는 모습을 보이는 '훠궈'는 가장 중국적인 요리이다. 중국문화가 그렇듯, 성질이 다른 식재료를 탕 안으로 모아 화(和)하여 새롭게 화(化) 시킨다. 인테리어, 서비스, 식기, 식재료 및 조미료의 변화를 통해 중체서용(中体西用)의 정신으로, 앞서 살펴본 온갖 도전과 문제를 해결해 나가며 잔인한 요식업계에서 버티고 있다. 중국인들의 생활철학인 '훙(熱鬧)'을 내기에도 좋다. 중국 4대 요리의 장점도 모두 담고 있다. 매운 맛 중심의 소스로 요리를 관장하는 쓰촨요리의 가변성을 바탕으로, 해삼물 위주의 식재료 그 자체로 지배하는 광둥요리, '탕'을 얼마나 잘 우려내느냐의 조리전통을 중시하는 산둥요리, 조리법과 모양을 중시하고 코스요리로서의 구성적 완성도에 목을 매는 화이양요리의 특징을 다 반영하고 있다. 중국 지역요리의 핵심적인 전통가치를 '훠궈'가 고스란히 담아내고 있는 셈이다. 개혁개방 이후 중국 사회가 버텨온 방식과 앞으로의 발전방향을 가늠해 볼 수 있기도 하다. 훠궈는 마치 중국의 전통문화와 역사적 콘텐츠가 '전통'을 유지하면서 어떻게 현대와 시장에 적응해가며 세련된 방식의 상품으로 만들어질 수 있을까에 대한 과제도 해결해 주고 있다. 중국요리 조리법의 핵심이라고 할 수 있는 '불의 조절(火候)'은 분명 '센불'과 '약한불'이라는 선험적 직관이다. 이와 대비되는 서양요리의 전자오븐 열은 '온도'라는 계량화 된 '수치'이다. 중국 음식문화를 통해 중국을 살펴보는 작업은 바로 두 가지 지점의 적당한 연결 점을 찾아보는 과정이다.

훠궈는 직관과 온도계와의 사이에서, 전통과 현대, 중국과 서양, 맛과 영양이라는 두 마리 토끼를 다 잡기 위한 싸움을 하고 있는 셈이다. 앞으로 시장에서 훠궈가 어떻게 변화해 가는지, 중국인들은 훠궈를 어떻게 활용해 가는지를 살펴보는 과정은 중국 전체를 이해하는데 도움이 될 것이다. 우리에게 중국을 이해하는 하나의 소스 코드로서, 훠궈는 충분한 의미가 있다고 볼 수 있다.

참고문헌

동아시아 생활학회,《세계의 음식문화》, 서울, 광문각, 1999.

张起钧,《烹调原理》, 北京, 中国商业出版社, 1999.
赵济,《中国地理》, 北京, 高等教育出版社, 2000.
李曦,《中国烹饪概论》, 北京, 旅游教育出版社, 2000.
田中静一,《中国食物事典》, 北京, 中国商业出版社, 1993.
张岱年,《中国文化概论》, 北京, 北京师范大学出版社, 1994.
赵荣光,《饮食文化概论》, 北京: 中国轻工业出版社, 2000年.
中国烹饪百科全书编委会,《中国烹饪百科全书》, 北京, 中国大百科全书出版社, 1995.
李乐清,《四川火锅大全》, 四川, 四川科学技术出版社, 2009.
徐文苑,《中国饮食文化概论》, 北京, 清华大学出版社,2005.
任百尊,《中国食经》, 上海, 上海文艺出版社, 1999.
徐海荣,《中国饮食史》一卷, 北京, 华夏出版社, 1999.

http://www.haidilao.com
https://consumer.gucheng.com
http://www.maigoo.com

필진소개

이평전

현대문학을 전공하고 문학비평과 문학이론을 연구하고 있다. 동국대학교에서 전후소설 관련 연구로 박사학위를 받고, 한국문학연구소를 거쳐 현재 서원대학교 국어교육과 조교수로 재직하고 있다. 최근 1970년대 대중, 공간, 기억, 감정 등 사회·문화의 특징적인 양상과 문학연구의 만남을 시도하고 있다..

이찬우

중국인민대학에서 정치경제학으로 경제학박사를 취득했고, 현재 서원대학교 중국어과 조교수로 재직하고 있다. 중국 산업 및 기술혁신에 대해 연구하고 있다. 주요 논문으로는 '중국의 기술혁신과 지역경제성장간의 상호관계 연구' 등이 있다.

봉인영

코넬대학교(Cornell University)에서 중국 현대문학으로 박사학위(Ph.D.)를 취득했고, 현재 충북대학교 중어중문학과에 조교수로 재직하고 있다. 주요 연구 분야는 식민지 시기 중국과 동아시아의 인종, 제국·사회구성 및 정동의 문화정치학이다.

박현준

홍콩시티대학 번역 및 언어학과에서 이론언어학으로 철학박사를 취득했고, 현재 충북대학교 시간강사로 재직하고 있다. 주요 연구 분야는 중국 현대어법이며, 주요 논문으로는 '재귀사 차단효과의 재해석' 등이 있다.

이윤정

베이징사범대학 중어중문학과에서 문학박사를 취득했고 현재 충북대학교 시간강사로 재직하고 있다. 언어학 및 응용언어학 전공으로 현재 한중언어비교, 중간언어, 언어습득 및 발달에 대하여 연구하고 있다.

권혜진

고려대학교 중일어문학과에서 문학박사를 취득했고, 현재 고려대학교 중국학연구소 연구교수로 재직하고 있다. 주요 연구 분야는 중국 현대문학이며, 주요 논문으로는 '張愛玲 문학텍스트 神話性 고찰' 등이 있다

이상오

베이징중앙민족대학에서 민족학으로 박사학위를 취득했고, 현재 충북대학교 중국학연구소 전임연구원으로 재직하고 있다. 주요 연구 분야는 중국의 민속과 문화이며, 중국 음식문화 콘텐츠생산과 소비와의 관계에 대하여 관심을 갖고 연구하고 있다.

‘공간’의 시각으로 본 ‘중국’과 글로벌 지역학

초판 1쇄 발행 _ 2018년 2월 20일

저　　자 • 봉인영 외 6명
발 행 인 • 정 현 걸
발　　행 • 신 아 사
인　　쇄 • 토탈프로세스
출판등록 • 1956년 1월 5일 (제9-52호)
주　　소 • 서울시 은평구 통일로 59길 4(2층)
전　　화 • 02)382-6411 · 팩스 02)382-6401
홈페이지 • www.shinasa.co.kr
E-MAIL • shinasa@daum.net

ISBN 978-89-8396-270-6(03300)

정가 15000원

본 도서는 2017년도 충북대학교 대학인문역량강화(CORE)사업의 지원을 받아 출판되었음